구속사와 설교

구속사와 설교

2018년 8월 24일 초판 1쇄 인쇄
2018년 8월 31일 초판 1쇄 발행

지은이 | C. 트림프
옮긴이 | 박태현
펴낸이 | 박영호
펴낸곳 | 도서출판 솔로몬

주소 | 서울시 동작구 사당로 155, 신주빌딩 B1
전화 | 599-1482
팩스 | 592-2104
직영서점 | 596-5225

등록일 | 1990년 7월 31일
등록번호 | 제 16-24호
E-mail | solcp1990@gmail.com

ISBN 978-89-8255-568-8 03230

HEILSGESCHIEDENIS EN PREDIKING
Copyright ⓒ 1986 by C. Trimp

Published by UITGEVERIJ VAN DEN BERG
All rights reserved.

This Korean edition copyright ⓒ 2018 by Solomon Publishing Co.

이 한국어판의 저작권은 UITGEVERIJ VAN DEN BERG와 독점 계약한 도서출판 솔로몬에 있습니다.
신 저작권법에 의하여 한국 내에서 보호받는 저작물이므로 무단전재와 복제를 금합니다.

C. 트림프 지음 | 박태현 옮김

구속사와 설교

끝나지 않은 대화의 재개

Heilsgeschiedenis
en
Prediking

솔로몬

옮긴이 알림:
본문 가운데 서체가 작은 부분은 보다 심도 깊은 내용을 다루는 전문적인 것으로서, 신학 전문가가 아닌 일반 독자는 건너뛸 수 있는 부분이다.

● 옮긴이 서문

"하나님 말씀의 설교는 하나님 말씀이다"Praedicatio verbi Dei est verbum Dei. 이 고백적 선언은 '제2 스위스 신앙고백서'Confessio Helvetica posterior, 1566를 작성한 스위스 종교개혁가 하인리히 불링거Heinrich Bullinger, 1504-1575가 개혁주의 관점에서 설교에 대한 정의를 명확하게 선언한 것이다.

종교개혁자들과 청교도 설교자들은 하나님의 말씀이 선포될 때 두 사역자가 함께 일한다고 확신했다. 즉, 인간 설교자가 하나님의 말씀을 청중의 육신의 귀에 들려줄 때, 성령 하나님께서 그 육신의 귀에 들리는 말씀을 청중의 영혼의 귀에 인치시어 구원의 은혜를 베푸신다는 것이다. 달리 표현하자면, 설교란 사람들 사이의 수평적 의사소통의 차원과 성령 하나님의 임재와 역사로 말미암은 수직적 차원의 만남의 자리에서 일어나는 구원 사건이다!

청교도주의의 아버지인 윌리엄 퍼킨스William Perkins, 1588-1602는 예정론적 관점에서 설교를 명확하게 정의하였다. 즉, 하나님께서 창세 전 시간을 초월한 영원 가운데 그리스도 안에서 선택하신 자들을 오늘 부름받은 설교자를 통하여 복음이 선포되는 이 순간, 시간 세계 속에서 성령을 통하여 그리스도께 불러모으고 교회로 회집하여 하나님의 나라를 완성해 가신다고 거침없이 선언하였다. 따라서 설교란 단순히 인간 설교자의 성경에 대한 강론이나 전달로 그치고 마는 것이 아니라 설교 그 자체가 하나의 구속 사건이다!

 오늘날 21세기 현대 설교자들의 가장 큰 고민은 무엇보다도 어떻게 하면 성경에 기록된 하나님의 말씀을 정확하게 해석하여 그 하나님의 기뻐하신 뜻을 오늘날 성도의 삶 속에 바르게 적용하는가이다. 특히 성경의 '역사적 내러티브' 속에 나타난 하나님의 구속 역사가 지닌 의미를 성경이 기록된 목적대로 바르게 설교할 수 있는가하는 문제다. 이런 고민은 성실하고 겸손한 설교자가 지녀야 할 바람직한 목회적 고민이다.

 감사하게도 이런 고민은 비단 오늘 우리만의 고민이 아니었다. 이미 20세기 초 네덜란드의 개혁교회는 이 문제를 붙들고 씨름하며 오늘 우리에게 설교의 깊은 통찰력을 제공하였다. 이 문제를 해결하기 위한 토론은 소위 '구속사적 설교'를 옹호하는 자들과 '모범적 설교'를 지지하는 자들로 크게 나뉘어 진행되었다. '구속사적 설교'의 삼두마차라 할 수 있는 클라스 스킬더, 홀베르다, 판 엇 피어는 성경의 역사적 본문에 나타난 삼위일체 하나님의 구속 사역의 역사성을 중시하여 역사의 절정인 그리스도에게까지 연속된 하나의 거룩한 역사로 인식하였다. 반면에 '구속사적 설교'에 대별되는 '모범적 설교'를 주장하는 자들은 성경의 역사 속에 일하시는 하나님을 향한 성경 인물들의 반응과 응답을 통해 제시된 실천적 교훈을 중시하였다. 이 두 진영의 토론과 논쟁은 보다 엄밀한 성경해석과 설교를 향한 열심에서 비롯된 것으로서 크게 칭찬받고 존중받을 만한 일이었다. 하지만 때때로 토론과 논쟁에 있어서 과유불급(過猶不及)의 실수와 오류도 범하지 않을 수 없었다.

1970년 암스테르담 자유대학교 박사학위 논문으로 제출된 시드니 흐레이다누스Sidney Greidanus의『오직 성경: 역사적 본문 설교에서의 문제들과 원리들』*Sola Scriptura: Problems and Principles in Preaching Historical Texts*[1]은 1940년부터 1942년 사이의 일어났던 이 설교학적 토론, '구속사적 설교'와 '모범적 설교'를 심도 있게 정리하여 논의한다. 이 논문에서 흐레이다누스 박사는 일차적으로 '오직 성경'Sola Scriptura의 원리를 좇는 '구속사적 설교'를 옹호하면서도 통일성과 점진이라는 구속사의 특징을 역사적 본문에 강요함으로써 드러난 클라스 스킬더의 약점, 즉 지나친 사변과 도식주의, 객관주의를 날카롭게 비평하며, 역사적 본문은 역사 속에서의 하나님의 구원 사역에 대한 선포라고 주장한다. 결론적으로 흐레이다누스는 역사적 본문을 설교하는 원리로서 세 가지를 제안한다. 첫째, 역사적 본문에 대한 설교는 하나님 중심적 목표를 가져야 하며, 둘째, 역사적 본문 자체는 그 속성을 따라 적실한 선포임을 확신해야 하며, 셋째, 역사적 본문 자체가 구체적인 교회를 지향한 선포이므로 역사적 '사건'이 아닌

---

1. 이 논문은 다음의 제목으로 번역, 출판되었다. Sidney Greidanus, *Sola Scriptura: Problems and Principles in Preaching Historical Texts*, 권수경 옮김, 고재수 추천,『구속사적 설교의 원리』(서울: 도서출판 학생신앙운동, 1989).

'본문'을 설교해야 한다고 주장한다.

본서의 저자인 트림프C. Trimp, 1926-2012 교수는 흐레이다누스의 논문이 '구속사적 설교'냐 '모범적 설교'냐에 대한 토론에 작은 불씨를 일으켰음에도 불구하고 이 토론이 여전히 미완성으로 남아있음을 안타깝게 생각하여 다시금 토론을 시작하고자 본서를 저술하였다. 트림프 교수는 본서에서 역사 가운데 일하시는 삼위일체 하나님께서 자기의 택한 백성 이스라엘과의 '교제'omgang 속에 있음을 강조하면서 '구속사적 설교'와 '모범적 설교'의 신화화(神話化)를 제거한다. 다시 말하면, 흐레이다누스가 지적한 '구속사적 설교'가 지닌 약점을 배제하는 동시에 역사적 본문이 제시하는 정당한 모범의 가능성을 수용한다.

『구속사와 설교』가 가진 장점은 무엇보다도 4장에서 논의되는 트림프 교수의 비평적 해설이다. 트림프 교수는 '모범' 개념의 모호한 정의, '구속사'에 대해 모호한 설명, '히브리서 11장에 관련된 편협함', '구속사와 구원의 서정 사이의 부적절한 딜레마', '과대평가된 점진과 과소평가된 교제', '도식주의의 위험', '교리에 관한 모호함'을 비평적으로 설명함으로써 하나님의 주권 아래에서 약속되고 성취되는 구속사적 설교의 다양함과 풍성함의 가능성을 전개한다. 예를 들면, 트림프 교수는 교회사를 통해 주관적 설교와 객관적 설교 사이의 진자(振子)의 추가 좌우로 움직이는 것을 파악하였다. 그는 주관적 설교와 객관적 설교가 저마다 지닌 위험성을 인식하고, 회중의 가슴을 뜨겁게 하는 주관적 설교나 회중의 머리를 교리로 가득 채우는 객관적 설교가 아닌 언약 가운데 말씀하시는 하나님을 선포하는 것이 설교의 중심이라고 주장한다. 다시 말하면, 트림프 교수는 설교에서의 성령의 사역을 강조함으로써 삼위일체 하나님 중심적 설교를 주장한다.

『구속사와 설교』는 엄밀한 개혁주의 노선에서 역사적 본문을 하나님의 구속 역사의 큰 틀에서 해석하고 적용하기를 시도한다. 성경의 역사적 본문을 전체에서 떼어내어 하나의 구속사를 파편화시키거나 단순히 실천적 적용의 목적에서 성경 인물의 행동을 문맥에서 분리된 모범으로 삼는 것을 금지한다. 동시에 본서는 역사 속에서 자기 백성 가운데 현존하셨고 동행하셨던 하나님의 구원 행위를 예수 그리스도 안에서 절정에 이르는 구속사의 지평 속에서 정밀하게 검토하기를 촉구한다. 결론적으로 트림프 교수는 본서의 마지막 페이지에서 구약성경의 역사적 본문을 어떻게 설교해야 하는지 다음과 같이 주장한다. "우리의 결론은 구약성경의 이야기 재료에 대한 설교란 역사 속에서 자기 백성과 함께 길을 가며 작고 연약한 사람의 눈앞에 자신의 영광스런 삼위일체의 이름을 말씀과 행동으로 펼쳐 보이시는 하나님의 말씀을 섬기는 봉사라는 것이다."

이 책은 성경 인물의 행동 속에서 본받거나 본받지 말아야 할 것을 끄집어내어 쉽게 설교하려는 유혹을 떨쳐 내고자 하는 설교자에게 유익하다. 더 나아가 이 책은 구약 역사 속에서 일하시는 하나님의 경륜과 섭리를 그리스도 중심적으로 설교하고자 하는 설교자에게 더 없이 유익하다.

다른 한편, 이 책은 설교를 듣는 청중에게도 유익하다. 올바른 성경 읽기와 설교 청취의 길을 제시해 주고 분별력을 길러주기 때문이다. 혀가 맛을 분별하듯이 주님의 양떼는 주님의 음성을 분별한다. 그리스도께서 다시 오실 때까지 지금도 거대한 구속 역사의 길을 열어 가시는 삼위일체 하나님의 인도와 돌보심을 신뢰하며 이 땅에서 믿음의 순례길을 걸어가는 성도에게 '구속사적 설교'의 단맛이 풍성하기를 기대한다.

좋은 책을 번역하여 소개하고자 한다 할지라도 출판사의 의지와 협조가 없으면 물거품이 되고 만다. 본서는 솔로몬출판사 대표 박영호 장로님의 열정과 정병석 편집장님의 노고로 새 옷을 입어 한글로 다시 태어났다. 감사하지 않을 수 없다.

오늘도 여전히 말씀하시는 하나님의 영광을 선포하며 주님의 교회를 돌보며 섬기는 신실한 설교자들에게 성령 하나님의 임재를 기도하며, 한국 교회의 갱신과 부흥을 꿈꾸어 본다.

"Veni, Creator Spiritus" – "창조주 성령이시여, 오시옵소서".

주후 2018년 6월 12일
역자 박태현

차 례

옮긴이 서문
서론

1. 성경의 역사 17

    1.1. 성경의 이야기 ·· 19
    1.2. 하나님의 길과 인간의 길 ·· 24
    1.3. 영지주의와 알레고리의 잘못된 길 ·· 33
    1.4. 신약 교회가 구약성경을 읽다 ·· 45
    1.5. 하나님은 시간과 때를 결정하신다 ·· 51

2. 구속사 61

    2.1. 구속사 개념의 내용 ·· 63
    2.2. 이 용어의 약점 ·· 70
    2.3. 구속사와 모형론(typologie) ·· 79

3. 개혁파 교회의 '구속사적' 설교를 위한 변호 95

    3.1. 스킬더(K. Schilder, 1890-1952) ·· 98
    3.2. 홀베르다(B. Holwerda, 1909-1952) ·· 111
    3.3. 판 엇 피어(M. B. van 't Veer, 1904-1944) ·· 116

4. 평가 121

4.1. 항구적 이익 ·· 123
4.2. 비평적 해설 ·· 127
4.2.1. '모범'(exemplum) 개념에 대한 모호한 정의 ·· 127
4.2.2. '구속사'에 대한 모호한 설명 ·· 150
4.2.3. 히브리서 11장에 관련된 편협함 ·· 152
4.2.4. 구속사와 구원의 서정 사이의 부적절한 딜레마 ·· 155
4.2.5. 과대평가된 '점진'(voortgang)과 과소평가된 '교제'(omgang) ·· 159
4.2.6. 도식주의의 위험 ·· 167
4.2.7. 교리에 관한 모호함 ·· 171

5. 회고와 전망 177

부록(Bijlage) ·· 188
간결한 참고문헌 ·· 190
약어표 ·· 194

● 서론

이 책의 출판 목적은 부제(副題)에 간단하게 묘사되어 있다: '**끝나지 않은 대화의 재개**'*hervatting van een onvoltooid gesprek*.

여기서 '대화'란 1940년부터 1942까지 네덜란드 개혁교회 내에서 소위 성경의 '역사적 재료'*historische stof*에 대해 어떻게 성경의 의도와 일치되게 설교해야 하는가라는 질문에 대해 진행되었던 논쟁의 특징을 의미한다. 우리는 이 대화와 관련된 몇몇 출판물과 더불어 일반적으로 통용되는 두 가지 용어를 사용한다: '**구속사적**'*heilshistorische* 그리고 '**모범적**'*exemplarische* 설교.

우리가 수십 년의 세월이 지난 후 다시금 당시의 논쟁을 숙고할 때, 우리는 이 대화가 '끝나지 않은'*onvoltooid* 것이라는 후회 막심한 사실에 충격을 받는다. 이런 미완의 원인과 이유를 찾는 일은 논쟁이 일어났던 그 시대를 주목하는 사람에겐 어렵지 않다. 하지만 그런 이유를 안다고 해서 후회 막심한 사실 자체가 사라지는 것은 아니다.

이 대화는 1942년 이후 다시 조그맣게 살아났는데, 이는 1970년 시드니 흐레이다누스*Sidney Greidanus*의 논문, *Sola Scriptura: Problems and Principles in Preaching Historical Texts*이 출간되었을 때였다. 이 책은 우리에게 이 논쟁에 관하여 상세하고 개괄적인 재구성을 제공한다.

  그럼에도 불구하고 이 논문은 그 토론에 본질적으로 영향을 주거나 생명을 불어넣을 수는 없었다. 이 책이 영어로 쓰였다는 사실은 확실히 이 논쟁을 더욱 국제적으로 알리는 데 기여했다. 이 같은 사실은 또한 네덜란드에서 일어난 토론이 도움을 받지 못한 이유도 설명해 준다. 게다가 이 논문은 아쉽게도 여러 가지 생략, 부정확한 제시, 그리고 잘못된 해석도 담고 있다.

  독자가 손에 쥔 이 책은 이 대화를 '다시 시작'hervatten하고 진척시키려 한다. 저자가 확신하는 바, 우리는 1940년대의 선구적 작업에 감사해야 하고, 또한 이 작업은 수십 년이 지난 지금에도 우리의 인정을 받아야 한다. 하지만 우리는 선구자들의 작업을 최종적인 것으로 여기지 않는다. 그러므로 이 출판물은 또한 '구속사적' 그리고 '모범적' 개념에 관련된 신화화(神話化)를 방지하고 제거하는 데 도움을 주고자 한다.

  저자가 생각하기에 우리 세대는 현대 신학적 발전을 통하여 성경 읽기와 설교에 있어서 근본적 신앙의 확신 위에 서서 성경의 역사적 재료를 어떻게 다룰지 숙고할 의무가 더 많다.

  '구속사'Heilsgeschichte 개념에 대한 칼 바르트Karl Barth의 논문이 출판된 지 25년이 되는 1986년 6월에 저자가 이 책의 원고를 출판사의 손에 넘겨 줄 수 있었음에 감사한다. 하나님께서 긴 세월 동안 자기 백성과 함께 하신 구체적인 길에 대한 이 책의 서론에서 언급된 저자의 이러한 개인적이고 전기적인 회상을 독자들이 시샘하지 않을 것이라 믿는다.

1. 성경의 역사

1.1. 성경의 이야기

독서 능력이 뛰어난 사람은 누구나 신구약성경의 많은 부분에 이야기 소재가 나온다는 것을 볼 수 있다. 다음 세대에게 전해줄 만한 가치 있는 사건이 수세기에 걸쳐 엄청나게 많이 발생했다는 것은 분명하다. 우리의 성경 읽기 역시 이런 이야기들과 연관되는데, 이것은 성경 그 자체가 우리에게 이렇게 하라고 의무를 부과하기 때문이다. 설교에 대해서도 동일하게 말할 수 있다. 설교는 성경에서 우리에게 다가오는 하나님의 말씀에 대한 봉사다.

성경이란 평범한 사람이 이해할 수 없는 높은 세계의 심오한 통찰력을 제공하는 철학 서적이 아닌 것은 분명하다. 만약 성경이 그런 서적이었다면, 설교자마다 소위 '교회'라는 개방대학에서 심오한 문헌을 어느 정도 해설할 능력을 갖춘 대중 철학자 수준으로 자신의 재능을 계발해야 했을 것이다. 하지만 설교자는 그런 사람이 아니다. 왜냐하면 성경이 이런 책이 아니기 때문이다.

성경은 또한 하늘에서 떨어지거나 땅 속 깊은 곳에서 솟아난 신탁(神託)의 책이어서 해독하기 힘든 공식이나 심오한 잠언이 담긴 것도 아니다. 목사는 마술사, 마법사, 혹은 점쟁이 노릇을 할 필요도 없다. 그는 그 어떤 암호를 풀거나 비밀문서를 해독할 필요가 없다. 목사는 신비주의자도 아니며, 알레고리나 예측을 하느라 느슨한 로프 위에 서 있는 곡예사도 아니다. 목사의 사역은 그렇게 대단한 것이 아니다. 목사가 할 일은 단지 옛 이야기를 전해주는 것일 뿐이다.

성경은 또한 신앙고백서에 담긴 모든 진리를 깔끔한 설명과 해설로 정리한 개혁교의학 안내서도 아니다. 때때로 성경은 우리의 여러 교리적 개념조차 없는 것처럼 비치고, 따라서 그런 개념을 약간은 조소하는 것처럼 보인다. 그래서 우리는 사실상 성경의 다양한 이야기 혹은 그 일부를 읽고 어느 정도 당혹스러운 느낌을 받을 수도 있다. 이런 일을 성경공부 모임에서 경험하게 된다. 그래서 우리는 때때로 무언가 딱 들어맞지 않거나, 다루는 주제가 언뜻 손에 잡히지 않는 것 같은 불편한 느낌을 받기도 한다. 게다가 성경의 많은 이야기가 매우 놀랍고, 어떤 것은 진부하다고 할 수는 없지만, 심지어 다소 거칠게 비치는 경우도 있다는 것은 말할 필요가 없다. 과거에 우리 선조들은 이렇게 성경의 저속한 이야기들이 가족의 신앙 증진을 위해 품위 있게 성경을 읽는데 별로 어울리지 않는다고 생각했다. 오늘날 우리 사회에서는 위에 말한 놀라운 이야기 같은 것은 더 들을 수 없다. 예를 들어, 그 누가 가나안의 도시 전체를 불로

태우라고 명령하는 군국주의적 신(神)에 대해 듣고 싶겠는가?

이 모든 시각은 일차적으로 성경이 **이야기들**^{verhalen}을 담고 있는 하나의 모음집이라는 사실과 관련된다.

게다가 성경의 이야기는 오늘날 우리 문화에서 사용하는 역사 기술(記述)의 규칙에 따라 기록된 것이 아니다. 우리가 꼭 포함시키고 싶은 많은 요소가 빠져있다. 때때로 우리가 당연히 생략하고 싶은 것이 포함되기도 한다. 어떤 경우에 성경 저자는 특정한 기간 혹은 구체적 내용에 대해 오랫동안 그리고 상세하게 묘사한다. 다른 경우에 같은 저자는 수십 년의 세월을 말 한마디 없이 지나치는데, 마치 이 기간 동안에 어느 것도 언급할 가치가 없는 것처럼 아주 가볍게 지나친다. 우리는 이런 성경을 전해 받았다. 주목할 만한 이야기로 구성된 놀라운 모음집이다.

쉽게 관찰되는 이러한 사실은 우리에게 많은 것을 들려 주는데, 특히 성경의 하나님과 이런 하나님의 백성에 대해 말해 준다. 하나님은 분명히 자기 백성이 우선 초기 시대와 후기 시대의 많은 **사건들**^{gebeurtenissen}을 아는 것이 중요하다고 여기신다. 믿음의 지식은 어쨌든 사실을 아는 지식이기도 하다. 이렇게 볼 때, 과거의 어떤 내용을 담은 용어를 사용한다면 모든 믿음을 '역사적'^{historisch} 믿음이라고도 말할 수 있을 것이다.

사람이 믿고자 할 때 먼저 철학을 배워야 할 필요는 없다. 하지만 반드시 머나먼 문화의 옛 이야기를 알아야 한다. 그렇다 할지라도 이 이야기는 여러 가지 방식으로 현실적이다.

  이러한 이유로 하나님은 옛 이야기를 전하고 해설할 목적으로 교회 안에 구별된 봉사직을 제정하셨다. 이런 봉사를 우리는 '말씀의 봉사'bediening van het Woord라고 부른다. 이 봉사는 예배 의식 속에서 일어나고, 이런 봉사 가운데 어제와 모레에 대한 이야기를 통해 오늘과 내일을 위한 하나님의 메시지가 우리에게 다가온다. 옛 이야기는 우리로 하여금 우리 하나님을 알 수 있게 해 준다. 하나님께서는 오래 전에 일어났지만 오늘날 우리에게 말씀하시고, 최소한 우리에게 호소하기 위한 일련의 사건을 통해 자신을 살아계신 하나님으로 드러내신다.

  이방 종교의 예배의 중심에는 움직이지 못하는 형상이 있다. 사람들은 아주 오래된 마술적 의식(儀式)으로 자신들의 신(神)에게서 축복이나 지혜를 짜내려 하는데 그 형상은 그 신이 가까이 있음을 보장하고 확고히 해준다. 하지만 이교도를 위한 벙어리 '형상'beeld이 중심에 있는 것처럼, 이스라엘을 위한 살아 있는 '이야기'verhaal가 중심에 있다. 이 이야기 속에서 정말 살아 계신 하나님이 친히 자기 백성에게 다가오신다. 여기에는 그 어떤 우는 소리라든가 불평도 어울리지 않으며, 또한 그 어떤 것도 억지로 짜낼 필요가 없다. 따라서 이스라엘은 결코 마술적 주문(呪文)이나 의식이 필요하지 않았다. 이스라엘은 다른 것을 필요로 했다. 이스라엘은 다른 무엇보다도 듣는 것luisteren을 배워야 했다. 왜냐하면 이스라엘은 자신들의 하나님으로부터 형상이 없는 예배를 받아야 했기 때문이다(참조.

신 4:12-20; 18:9-19). 누구든지 자신을 이야기의 권위 아래 두는 사람은 자신의 신 형상과 신 개념에서 해방되어 살아계신 하나님의 분명한 목소리 듣기를 배우게 된다.

우리는 이러한 성경의 특징과 이러한 말씀 봉사의 특징에 대해 숙고하기를 원한다. 여기에는 잃을 것도 많고 얻을 것도 많다. 우리는 하나님의 자기 계시의 **역사적**historisch 특징에 대한 이해를 얻고, 설교란 '구속사적'heilshistorisch이어야 한다는 익숙한 표현에 대해 서로 숙고하기 원한다. 이것은 무엇을 의미하는가? 설교 강단에서 당신은 이것을 어떻게 하는가? 청중의 입장에서 당신은 이것을 어떻게 평가할 수 있는가?

이러한 질문에 대한 답변은 당연히 훨씬 전에 이미 주어졌다. 우리 가운데 많은 사람은 스스로 발견했든 전해 들었든 1940년경 구속사적 설교에 대한 문제가 우리나라에서 격렬한 논쟁을 일으켰다는 점을 기억할 것이다. 질문의 요점은 역사적 재료stof에 대한 설교가 반드시 '구속사적'이어야 하는가 혹은 '모범적'이어야 하는가 또는 두 가지 가운데 하나를 선택해도 되는가의 문제였다. 이 두 가지 개념은 설교에 대해 논의하고 숙고하는 데 지금도 여전히 통용된다. 하지만 질문은 이렇다. 이 용어가 의미하는 바가 무엇인가? 이 두 가지 통용되는 용어의 실제적인 내용은 무엇인가? 이런 종류의 질문에 대답하는 것이 이 책의 목적이다.

1.2. 하나님의 길과 인간의 길

성경은 하나님과 자기 백성의 친교omgang에 관한 이야기를 들려준다. 이 친교는 교제의 '훈련'oefening으로 교제의 집 안에서 일어난다. 왜냐하면 하나님은 백성 사이에 **거주하시기**woont 때문이다. 하나님은 '방랑'trekken만 하고 한 집에 거주하는 것으로는 쉼을 얻지 못하는 초방랑자super-nomade가 아니다. 사람들은 종종 하나님을 그런 식으로 상상했지만, 성경은 그렇게 말하지 않는다. 즉, 하나님 자신도 그렇게 말하지 않는다.

하지만 이것으로 하나님과 자기 백성의 친교에 대해 모든 것을 말한 것은 아니다. 왜냐하면 우리 역시 이러한 친교가 하나의 '과정'gang이라는 것을 스스로 발견할 때 성경에 따라 말하게 되기 때문이다. 하나님과 인간은 함께 '간다'gaan. 그것은 땅과 시간을 통해 가는 것이다. 각 사람은 그것에 대한 기행문을 작성할 수 있다. 그 사람은 그 옆에 지도와 달력을 놓아둘 수 있다. 하나님과 백성 사이의 친교는 손으로 가리킬 수 있는 지리적, 역사적 특징을 가진다. 이것이 어쨌든 우리가 구원-**역사**heils-geschiedenis에 대해 말하는 이유 중 하나다. 하나님과 인간은 함께 거하고, 동시에 함께 여행한다.

이러한 사실은 모두 인간을 향한 하나님의 목적과 관련된다. 하나님은 인간을 역사적 존재로 창조하셨고, 시간 속에서 살게 하셨다. 따라서 인간은 자신의 영원한 집으로 가는 여행자 외에 다른 존재가 될 수 없다.

하나님과 인간이 함께 거하고 함께 여행할 때, 그것은 말 없는 동거나 조용한 여행이 아니다. 하나님과 그의 백성은 여행 중에 함께 대화한다.

게다가 하나님은 수많은 행동을 나타내 보이시고 또한 그 가운데서 말씀하신다. 이 과정은 이러는 가운데 이런 식으로 진행되고, 더 강하게 말하자면, 이 과정은 오직 이런 식으로만 가능하다. 하나님은 종종 자신의 행동에 앞서 먼저 선포하실 뿐만 아니라, 사후에 이 행동에 대해 설명하신다. 하나님은 이런 식으로 자기 자신을 자기 백성과 세상에 드러내신다. 그는 자신의 이름을 나타내시고, 자신의 계획과 전략, 뜻과 결심을 드러내신다. 우리는 이 모든 것을 하나님의 '계시'openbaring라고 부른다. 따라서 우리가 '계시-역사'openbarings-geschiedenis에 대해 말할 줄 안다는 것은 전혀 놀라운 일이 아니다.

이 시점에서 우리는 구원과 계시의 역사적 특징을 다루게 된다. 우리가 이 '길'weg에 대한 성경의 언어에 주의를 기울일 때, 이 문제에 제대로 접근할 수 있다고 생각한다. 이 단어는 매우 빈번하게 하나님께서 자기 백성과 함께 가는 길에 대한 지칭으로 기능한다. 이 '길'이라는 단어는 우리가 '구속사'라고 부르는 것을 성경이 매우 간단히 말하는 용어다.

예를 들어, 신명기 8:2에서 이스라엘은 그들의 하나님 여호와께서 그들을 광야에서 40년간 인도하셨던 모든 길weg을 기억해야 한다는 말씀을 읽는다. 모세가 이스라엘에게 이 명령을 주었을 때, 단순히 광야를 통과했던 **경로**route를 회상하라는 것 이상을 의미한다. 이 '길'에는 또한 표적들tekenen과 기사들wonderen과 힘들고 멋진 경험이 포함되어 있다. 간단히 말하자면, 하나님께서 여행 중에 이스라엘에게 주신 그 모든 계시가 포함되어 있다. 신명기 1:30-33(참조. 신 24:9; 25:17)에 따르면, 이는 하나님께서 자기 백성을 인도하셨고 친히 앞서 가셨던 구체적인 계시의 길이었다. 이스라엘은 이 길에서 더 이상 벗어나서는 안 된다. 왜냐하면 이 길은 이후에 이어지는 백성의 역사 전체에 결정적이기 때문이다. 그러므로 이스라엘은 또한 애굽에서 가나안으로 가는 이 길이 미래를 향한 돌이킬 수 없는 결정적인 길이었다는 것을 정확히 이해해야 한다. 그럼에도 불구하고 이스라엘이 돌아가야 했다면 그것은 엄청난 **심판**gericht을 의미할 것이다(참조. 신 17:16; 28:68).

모세의 후계자 여호수아는 이를 자신의 고별 설교에서 다음과 같이 정확하게 말했다. "이는 우리 하나님 여호와께서 친히 우리와 우리 조상들을 인도하여 애굽 땅 종 되었던 집에서 올라오게 하시고 우리 목전에서 그 큰 이적들을 행하시고 우리가 행한 모든 길과 우리가 지나온 모든 백성들 중에서 우리를 보호하셨음이며"(수 24:17). 이런 식으로 '길'weg은 단순히 우리가 계시 역사와 구원 역사라고 부르는 것을 가리키는 지칭이다.

성경의 이러한 언급에 대해 아직 이야기할 것이 더 있다. 말하자면 **길**weg은 동시에 하나님의 **계명**gebod에 대한 지칭이기도 하다는 것이다. "주님의 길에 행한다"는 것은 하나님의 계명을 지킨다는 표현이다. 여기서 제기되는 질문은 구원의 길과 하나님의 법을 지키는 것 사이에 어떤 연관성이 있는가하는 것이다.

우리의 이런 질문에 대해 결정적 답변을 주는 것은 다시 한 번 신명기 책이다. 광야 여행은 이스라엘에게 여호와를 아는 지식과 경외함에 대한 양육이기도 했다. 이스라엘이 여행 중에 여호와와 함께 했던 경험은 그의 계명과 규례의 동기를 형성한다. 하나님은 스스로를 유일신으로 계시하셨다. 왜냐하면 살아계신 하나님은 이교도의 모든 우상을 능가하시기 때문이다. 이 하나님은 자기 백성과 함께 생각지 못한 길을 가셨고, 그런 방식으로 자기 백성을 미래로 인도하셨다. 거룩하신 하나님은 그렇게 이스라엘과 함께 거룩한 길을 행하셨고, 그런 방식으로 이스라엘을 거룩한 백성으로 만드셨다. 하나님의 계명을 지키는 것은 이러한 거룩을 구체화하는 것이다. **구원 역사는 계명의 기초다**. 이것은 소위 십계명의 서언에서 즉시 나타난다. "나는 너를 애굽 땅, 종 되었던 집에서 인도하여 낸 네 하나님 여호와니라"(출 20:2). 그렇게 너희는 나를 알았고, 따라서 너희는 나 외에 다른 신을 네게 두지 말라(첫 번째 계명) 등. 이 문제와 관련된 본문은 더 많이 있다. 신명기 8장은 다시금 우리에게 가장 두드러진 예를 제공한다(8:2-6).

이스라엘의 범죄는 그들이 여호와께 불충하고 하나님께서 성취하신 역사를 의식적으로 무시하는 것이었다. 그 순간 이스라엘은 다른 신을 따르고, 이로써 결코 긍정적인 경험을 누리지 못했다(이스라엘이 "알지" 못했던 "낯선" 신들; 참조. 신 32:12, 17). 이런 경우 성경은 이스라엘이 "그 길을 떠났다"고 말한다(참조. 출 32:8; 신 9:12, 16; 11:28; 13:5-6; 32:15-18; 삿 2:17; 시 95:10; 히 3:10). 그러므로 '길'은 하나님의 행하심이며 여호와의 길을 인정(혹은 무시)하는 인간의 활동이라 할 수 있다. 구속사와 윤리는 서로 긴밀하게 연관되어 있음이 분명하다.

마지막으로, 우리는 '길'에 대한 성경적 언급의 세 번째 측면을 주목하고자 한다.

'길'은 또한 여호와의 계획 또는 의도와 연관될 수 있다.

모세는 매우 위급한 순간에 하나님께 요청하였다. "내가 참으로 주의 목전에 은총을 입었사오면 원하건대 주의 길을 내게 보이사 내게 주를 알리시고 나로 주의 목전에 은총을 입게 하시며 이 족속을 주의 백성으로 여기소서"(출 33:13). 그리고 나서 모세는 하나님의 궁극적인 의도를 물었다. '여호와여, 당신의 계획이 무엇입니까?'

동일한 방식으로 이사야 55:8-9에서 하나님의 **길들**wegen과 하나님의 **생각들**gedachten이 서로 나란히 제시된다. 이것은 하나님의 **구원 의도들**beilsbedoelingen에 관한 것이다.

그것은 신약성경에서도 마찬가지다.

사도 바울이 구브로 섬에서 복음의 대적자에게 "주의 바른 길을 굽게 하기를 그치지 아니하겠느냐?"(행 13:10)라고 말할 때, 사도는 세상을 위한 하나님의 구원 계획과 바울과 바나바의 매우 구체적인 선교 여행을 통한 그 계획의 시행에 대해 말하는 것이다. 이것은 하나님께서 스스로 마음에 품으시고, 정하시고 행하시는 길에 관한 것이다.

브리스길라와 아굴라 부부가 아볼로가 알고 있었던 하나님의 길을 더 정확하게 설명했을 때, 우리는 이 부부가 에베소에서 아볼로에게 주었던 가르침에 대해 동일하게 말할 수 있다(행 18:25-26).

사실 누구든지 구속사에 대해 말하는 자는 또한 하나님의 계획과 의도에 대해 말하는 것이다! 그리고 이 모든 것의 결론은 오직 이것이다. "깊도다 하나님의 지혜와 지식의 풍성함이여, 그의 판단은 헤아리지 못할 것이며 그의 길은 찾지 못할 것이로다"(롬 11:33).

하나님께서 자기 백성을 다루시는 그 길*weg*에 대해 이런 방식으로 숙고하는 것은 진실로 부요한 경험이다. 그것은 하나님의 모든 자녀를 위한 생명이 담겨 있고 온 세상을 위한 미래가 열린 구원 역사다. 왜냐하면 영원히 지혜로우신 하나님께서 계획하신 이 길을 하나님께서 **앞서***voorop* 가시기 때문이다(출 13:21). 그는 자기 백성과 **함께***met*(출 33:16), 자기 백성 **가운데***in het midden*(출 34:9) 행하신다. 그는 전쟁 중에 **앞에서 행(보호)하시며***voorboede* **뒤에서 호위하시는** *achterbode*(사 52:12) 이스라엘의 도움이시다. 그런 이야기가 어떻게 과거에 속한 이야기가 될 수 있단 말인가?

그래서 하나님께서 이런 식으로 자기 백성과 함께 행하실 때, 그의 백성에겐 단 한 가지 선택만 남게 된다. 이스라엘도 하나님과 함께 구원의 길에서 행하는 것뿐이다. 이 백성에게 달리 어떻게 살아갈 수 있으며 살아남을 수 있겠는가?

이에 대하여 성경은 또한 주목할 만한 방식으로 우리를 교훈한다.

성경은 그 백성이 구원의 '길'에 '행하는 것'을 하나님 **앞에서**voor 행하는 것, 하나님과 **함께**met 행하는 것, 그리고 하나님을 **따라**achter 행하는 것으로 묘사한다.

하나님 앞에서 (혹은 '하나님의 얼굴' 앞에서) **행하는 것**gaan voor God은 하나님의 시야를 떠난 삶이 아니라 반대로 하나님의 풍성한 구원의 현존 가운데 살아가는 여정이다. 하나님 앞에서 살아가는 사람은 하나님과의 교제를 즐거워한다(참조. 예를 들어, 창 24:40; 48:15-16; 시 56:13; 116:9).

그런 경우에 그의 삶의 여정은 동시에 반드시 하나님 앞에서 받아들여질 만한 것이어야 한다. 거룩하신 하나님께서 자신에게 영광을 돌리지 않는 인생에게 어떻게 구원의 풍성함으로 현존하실 수 있겠는가? 그러므로 아브라함 언약 체결 이야기도 하나님께서 말씀하시는 것으로 시작한다. "나는 전능한 하나님이라 너는 내 앞에서 행하여 완전하라"(창 17:1). 다윗이 솔로몬에게 한 말에 따르면, 이것은 같은 이유로 이스라엘 왕들의 행동을 지배하는 탁월한 규칙이 된다(왕상 2:4; 참조. 왕상 3:6; 8:23, 25; 9:4; 왕하 20:3).

하나님과 함께 행하는 것gaan met God은 신실하고 친밀한 주님과의 교제를 가리킨다. 두 사람이 함께 '간다'gaan고 할 때, 그들은 사랑과 성실의 언어를 주고받으며, 서로의 계획과 의도를 이해한다. 그런 식으로 에녹과 노아도 하나님과 동행했다(창 5:22, 24; 6:9; 참조. 미 6:8; 말 2:6).

하나님을 따라 행하는 것gaan achter God은 여호와께 순종함으로 신실하게 따르는 것을 말한다. 이스라엘은 스스로 여호와께 전적으로 의존하는 존재임을 알아야 했다. 왜냐하면 하나님께서 자신의 선택, 출애굽, 그리고 시내산 언약 체결에서 이스라엘을 자기 소유로 선택하셨고, 얻으셨고, 해방하셨기 때문이다. 하나님을 따라 행하는 것은 여호와께서 자신의 종 예레미야의 입술을 통해 예루살렘에게 "내가 너를 위하여 네 청년 때의 인애와 네 신혼 때의 사랑을 기억하노니 곧 씨 뿌리지 못하는 땅, 그 광야에서 나를 따랐음이니라"(렘 2:2; 참조. 갈멜산에서 엘리야의 외침, 왕상 18:21; 신명기 13:4-5의 율법 낭독)라고 말씀하신 감동적 메시지에 대한 헌신이다. 이러한 추종이 '낯선'vreemde 신들을 경배하는 것과 정반대라는 사실은 분명하다. 낯선 신들을 따라가고 이교도의 행렬을 따르는 사람은 창녀의 뒤를 따르는 자와 같다. 그는 '끌려가서' 제1계명에 대한 명백한 위반으로 확실히 멸망할 것이다(참조. 신 1:36; 4:3; 6:14; 12:30; 민 14:24; 32:12; 수 14:8-9, 14; 왕상 11:4, 6).

누구든지 하나님을 '따르지'achter 않는 자는 하나님께 등을 돌리고 하나님과 관계를 끊는 것이다. 이것은 종교적 간음으로 이스라엘의 죄를 말하며(렘 15:6) 이스라엘을 추방하여 비참하게 만드는 것이다. '하나님을 따라 행하는 것'에 대한 구약성경의 언급은 그리스도를 '따름'navolging에 대한 신약 용어의 배경을 형성한다. 우리는 이것을 다른 연관에서 다시 살펴볼 것이다.

이 부분 전체를 요약하자면, 하나님과 그의 백성이 함께 여행하는 것이라고 말할 수 있다. 하나님은 길을 마련하시고, 그 길을 따라 행하시며, 그의 백성은 하나님의 길을 따라 가는 것이다. 이것이 이 이야기의 핵심이다. 이것이 구속사다. 구속사의 시작은 하나님의 사랑과 선택에서 비롯되고, 구속사의 목적은 하나님과의 교제 안에 놓여 있다. 구속사는 하나님께서 가시는 길에서 행하신 위대한 행동 속에서 그리고 하나님의 백성이 사랑 안에서 감사의 제물로 하나님께 드리는 예배 속에서 구체화된다.

하나님의 백성은 하나님에게서 나오고, 하나님께서 그 백성을 인도하고 안고 가시며, 동시에 이 백성은 하나님을 향한 길로 나아간다. 영원히 살아계신 하나님과의 교제는 이런 식으로 진행된다. 우리는 이것을 신약의 방식으로 하나님의 사랑의 능력, 주 예수 그리스도의 은혜, 그리고 성령님과의 교통이라고 부른다(고후 13:13). 이 삼위일체론적 진술은 우리가 역사를 통해 배운 것이다. 이것은 완벽한 사랑의 역사에 담긴 비밀이다. 우리는 이것을 또한 구속사의 삼위일체-역사적 특징이라고 부를 수 있다.

1.3. 영지주의와 알레고리의 잘못된 길

하나님의 백성은 하나님에게서 나와 하나님을 향해 간다. 이것이 우리가 앞부분의 결론에서 본 것이다. 만일 이것이 사실이라면, 하나님의 백성은 완전히 만개한 미덕, 완벽한 사회, 혹은 인간 자아실현의 길 같은 것으로 나아가는 것이 아니다. 또한 하나님의 백성은 아무것도 하지 않는 축복의 장소 혹은 '천국'이라고 부를 수 있는 유토피아 같은 곳으로 나아가는 것도 아니다. 우리는 이 땅을 지나 저 높은 황금성을 향하여 가는 광야의 행진인 천국으로의 여행을 하는 것이 아니다.

이 시점에서 우리는 하나님의 백성의 길에 대한 성경의 멋진 이야기를 역사 속에서 너무 잦은 왜곡으로 성경과 신자들 사이를 방해하는 다른 여행 이야기에 맞서 안전하게 제시해야 할 필요를 느낀다. 우리는 혼란에 빠트리는 이 여행 이야기를 반드시 잘 살펴보아야 한다. 이 이야기는 아마도 독자가 지금 생각하는 것보다 우리의 성경 읽기와 설교에 더 많이 연관될 것이다.

지금까지 우리는 지리적으로 가리킬 수 있고 역사적으로 연대를 상정할 수 있는 길로서 하나님과 그의 백성의 길에 대하여 이야기했다. 그것은 역사의 특정한 날에 자기 백성을 애굽에서 인도하여 내시고, 그러한 하나님으로 영원토록 알려지기를 원하시는 하나님의 길이다. 우리는 이 길을 지금 하나님과 자기 백성 사이의 **수평적** *horizontale* 길이라 부를 수 있을 것이다.

하지만 역사 속에서 또한 우리를 바로 이 땅으로부터 해방시키고 저 높은 하늘의 영역으로 인도하는 **수직적***vertikale* 여행에 대해서도 꿈꾸고, 상상하고, 그리고 철학화하였다. 이 여행은 사실상 돌아가는 여행이다. 인간의 영혼은 돌아오는 길을 간다. 옛날에 이 영혼은 불행하게도 길을 잃었고, 본향을 잃고 말았다. 이 영혼이 이 길 잃은 여정 가운데 이 땅에 오게 되었고 거기서 인간의 몸 안에 갇히게 된 것은 불행이었다. '구원'이란 이 영혼이 자신의 감옥에서 해방되어 자신이 나왔던 곳으로, 저기 위쪽 하나님의 빛의 영역으로 빠르게 날아가는 것을 의미한다.

이 무슨 낯선 이야기인가?

옛날에 셀 수 없이 많은 사람을 매혹시키고 또한 많은 그리스도인조차 현혹했던 이야기가 하나 있었다.

우리는 이런 종류의 개념에 위대한 그리스 철학자인 플라톤Plato의 이름을 연결할 수 있다. 그의 사상체계에 대한 후기의 수정(소위 신플라톤주의)은 오순절 이후 최초 수세기 동안 교회에 커다란 영향력을 미쳤다.

하지만 여기서도 지속적으로 작용하는 것은 오늘날까지 우리나라에서도 만연하게 된 동방(특히 페르시아) 사상 체계에서 나온 주제들이다. 이러한 신플라톤주의적 주제들과 동방의 주제들이 그 뒤에 유대 신비주의의 특정 표현과 혼합되고, 설상가상으로 거기에 신약 성경의 많은 용어와 개념이 추가될 때, 우리가 대개 "기독교 영지주의 "christelijke gnostiek라 부르는 혼합된 종교적 개념들이 발생한다. 그 결합과 이 혼합물의 기원은 매우 복잡한 역사에 속하기에 우리가 이것을 여기서 살펴볼 필요는 없다.

아주 분명한 것은, 소위 이러한 혼합의 과정이 그리스도의 탄생을 전후한 수세기 동안 탁월한 문화의 중심지였던 **알렉산드리아** Alexandrië에서 일어났다는 사실이다. 이 혼합물은 1세기 후반 알렉산드리아에서 등장하여 2세기에는 매우 영향력 있는 사상체계로 성장하였다. 이것은 초기 기독교에 엄청난 유혹과 시련으로 보였다!

이러한 영지주의 세계관의 독특한 특징을 살펴보고자 한다.

첫째, 눈에 띄는 사실은 참 하나님과 구약의 신(神, god)을 구별한 것이다. 참 하나님은 매우 높이 초월하여 존재하므로 우리가 그를 알 수 없다. 또한 이러한 하나님은 우리 인간의 사소한 문제에 관여하지 않는다.

구약의 신은 이 불완전한 세상의 창조자다. 이 신은 말하자면 실제 하나님보다 훨씬 낮은 수준에서 일하는 숙련된 목수(木手)다.

둘째, 인간 존재의 중심은 본질적으로 가장 높은 신적 존재와 관련된다. 인간은 천상의 빛으로부터 날아온 하나의 불꽃이다. 이러한 천상의 불꽃은 그 뒤에 물질적 육체에 갇히게 되었고, 다시 이 세상에서 낮은 지상의 신과 그의 권세의 통치에 지배되었다. 사실상 이 세상은 악에게 내던져진 적대적인 세상이다. 우주는 양립될 수 없는 두 힘의 영역으로 나뉜다.

셋째, 사람들은 인간의 비참한 현재 상황을 모든 시간이 창조되기 전에 발생했던 타락에 대한 신화적 이야기로 설명하려고 했다. 따라서 이 세상의 창조는 타락보다 앞서 일어나지 않았다는 것이다. 사실은 그 반대로 이 세상의 창조가 타락의 결과이자 결말인 것이다.

우주의 근원적 기초인 소위 수많은 **아이온들**aeonen은 신적 존재로부터 흘러 나왔다(소위 **유출** emanatie). 이러한 아이온들 중 하나가 전체에서 분리되었을 때, 자신을 위해 자신의 세상을 창조한 '장인(匠人)'인 더 낮은 신이 출현했다. 불행하게도 우리가 살고 있는 이 세상에서 그는 자신을 가장 높은 신으로 간주한다. 그러나 실제로 그는 참된 신과는 거리가 멀다. 이것을 아는 사람은 누구나 본향을 향한 인간 영혼의 갈망을 이해할 수 있다. 그것은 돌아가는 길이다!

넷째, 이러한 신화에 따르면, 사람에게 도움이 되는 것은 통찰이다. 이 통찰은 사람으로 하여금 자신의 참 본성과 천상적 기원을 알게 하고, 거기로 돌아가기를 열망하도록 한다. 이 통찰은 지식을 의미하는 그리스어 **그노시스**gnosis로 불린다. 이 단어에서 '영지주의'gnostiek라는 용어가 나왔다.

이러한 이교 사상체계의 결과 가운데 하나는 어쨌든 인간의 타락을 지존자의 책임으로 여길 수 없고, 더더욱 인간의 책임으로 볼 수도 없다는 사실이다. 인간은 가해자가 아니라 피해자다. 인간 존재의 본질적 문제는 죄가 아니라 지상 추방이다. 만일 이 체계 속에 기독교적 요소도 포함된다면, 실제로 그 체계 속에서 그리스도의 이름이 연관될 수 있으나, 죄의 권세로부터 구원하는 것은 그리스도의 임무가 아니다. 본질적으로는 그리스도의 십자가가 중요하지 않다. 궁극적으로 중요한 것은 구원하는 "지식," 곧 부당하게 '지식'이라 일컬어지는 거짓된 지식(딤전 6:20)의 계시다.

만일 이러한 통찰로써 144년 로마에서 파문당한 이단자 **말시온** Marcion을 주목한다면, 이러한 '기독교적' 영지주의와의 연관성을 발견할 수 있다. 말시온은 특히 구약성경에 대하여 극도로 부정적이었다. 그것은 그가 창조와 피조된 실재를 부정적으로 본 결과이다. 진정한 참 하나님은 영적 세계에 거하며, 창조나 구약성경과는 아무런 상관이 없다. 그래서 말시온은 열등한 가치를 지닌 구약의 이야기와 계명을 싫어한다.

영지주의 사상체계의 다른 결과를 주목하는 것도 우리의 목적을 위해 유익하다. 소위 기독교적 영지주의자는 예수에 대하여 언급하면서 구원자 그리스도는 창조로부터, 따라서 저급한 신으로부터 기인한 육체로 자신을 더럽히지 않았다고 주장할 것이다. 그리스도가 이 땅에 출현했을 때, 그는 육체를 가장하고 왔던 것이다. 그것은 이미 과거에 십자가에 못 박혔던 육체였다. 따라서 그리스도 자신은 실제로 고난받지 않았다. 그는 전혀 고난당할 수 없다. 나사렛 예수는 하나님의 그리스도와 동일하지 않다.

이러한 사고체계를 우리는 **가현설**_docetisme_이라 부르는데, 즉 그리스도가 육체를 가진 것처럼 보이고, 고통받는 것처럼 보일 뿐이라는 교리다. 가현설은 사도 요한이 하나님의 아들, 그리스도 예수의 삶과 죽음의 역사성을 강조할 때, 매우 격렬하게 논쟁했던 교리다. 왜냐하면 예수가 왔을 때, 그는 물과 피를 통하여 자신의 길을 선택하였기 때문이다(요일 5).

우리가 구속사적 설교에 대해 숙고하고자 할 때, 이러한 종류의 이단들을 숙지하는 것이 왜 중요한가? 그 의미는 여기에 놓여 있다. 이 땅에서의 하나님의 구속사역의 역사적_historisch_ 성격을 크게 강조할 때 이전보다 더 명확하게 될 수 있기 때문이다. 하나님이 인간과 함께 행하시는 길은 바로 이 땅에서의 길이고, 바로 이 역사를 통한 길이다. 하나님은 자신의 구속사역에서 자신의 피조물을 경멸하지 않으신다. 또한 자신이 창조한 지리적·시간적 간격도 무시하지 않으신다. 교회는 영지주의에 대항하여 예수 그리스도의 아버지는 전능하신 분이며, 하늘과 땅의 창조자라고 고백하였다. 그러므로 피조된 인간의 육체 역시 하나님의 아들에게 저속한 것이 아니었다. 따라서 피조된 시간과 이 땅의 역사는 인간과 함께 하는 하나님의 길에서 그렇게 사소한 것이 아니다. 그러므로 구약성경은 하나님의 생각과 인류를 위한 구원을 계시하는 데 너무 평범하거나 너무 이 땅에 매인 것이 아니다.

하나님의 사역, 구원과 계시의 역사성을 인정하는 것은 플라톤주의, 영지주의, 이원론dualisme에 대한 유일한 무기다. 그것은 **이레나이우스**Irenaeus의 영지주의에 대한 논박이었는데, 영지주의는 2세기 서머나Smyrna의 폴리카르푸스Polycarpus의 제자이자 리용(Lyon)의 주교였던 이레나이우스로 하여금 구속사에 대해 숙고하게 했으며, 성경 역사에 대한 구속사적 관점을 위한 핵심 개념을 공식화하게 만들었다. 이레나이우스는 바울의 에베소서 1:3-14의 긴 문장에서 핵심 단어를 진지하게 취급하였고, 이러한 단어(특히 *oikonomia*)를 교의학적 숙고 가운데 토론하였다. 그렇게 함으로써 이레나이우스는 수세기 이후 사도신경의 진술 가운데 교회의 소유가 될 것에 대한 토대를 놓았다. 그것은 삼위일체-역사적 계시에 따른 살아계신 하나님에 대한 신앙고백이다.[2]

우리가 알렉산드리아 영지주의에 대한 논박의 또 다른 결과를 주목할 때 이러한 대조의 중요성은 더욱 선명하게 나타난다. 교회는 **성경해석의 알레고리적 방법**에 대해서도 투쟁했다.

성경해석의 알레고리 방법은 역사적으로 묘사된 모든 것을 더 높은 실재werkelijkheid의 상징으로 왜곡한다. 알레고리는 성경이 우리에게 들려주는 이야기 속에 있는 사건의 역사적 성격에 대해 전혀 관심이 없다. 역사적 사실성은 조금도 중요하지 않다.

---

2. 참조. K. Schilder, *HC* III, 1947, 7이하. 우리는 5장에서 이 요점을 다시 살펴볼 것이다.

예를 들어, 성경이 우리에게 아담이 먼저 창조되고 그 다음에 하와가 창조되었다고 말할 때, 그것은 알레고리 설명에서 다음과 같이 해석된다. '아담'은 영혼의 상징이며, '하와'는 감각적 인식의 상징이라는 것이다. 인간의 영혼이 깨어있지 못할 때, 즉 아담이 깊이 잠들었을 때, 감각이 깨어난다.

그 다음에 우리가 에덴 동산에 네 개의 강이 있었다는 것을 읽는다면, 그 네 개의 강은 그리스 윤리ethiek에 나타난 네 가지 기본 덕목을 상징한다. 지혜, 용기, 절제, 정의.

우리가 세 명의 족장, 아브라함, 이삭, 야곱에 대해 듣는다면, 아브라함은 명령에 순종하는 덕목의 유형인 반면, 이삭은 내적 성향으로 인한 덕목이며 야곱은 연단으로 인한 덕목을 대표한다.

따라서 구속사는 인간의 덕목이나 지혜를 상징하는 것이 된다.

이 모든 것의 배후에는 플라톤적 사고가 숨어 있다. 영원한 진리는 **관념들**ideeën의 세계 속에 거한다. 여기 이 땅에서 우리는 그 진리가 머무는 거주지에서 멀리 떨어져 있다. 사실상 우리는 사고를 당해 이 먼 섬에 표류한 난파선의 희생자들이다. 관념의 세계와 불완전한 이 땅 사이의 간격 때문에, 진리의 빛은 매우 약해졌다. 우리는 일종의 실루엣을 가지고 이 빛을 조정하여 현실 세계의 윤곽을 찾아내야 한다. 따라서 이 땅에서 발생하는 일은 우리가 상징 언어의 형태로 이해해야 하는 일종의 그림자 연극을 형성한다. 이런 노력은 이러한 상징의 배후에 그리고 이러한 상징을 초월한 무시간적 영원한 진리를 발견하기 위한 우리의 투쟁에 도움이 된다. 이런 식으로 하나님의 수평적 길은 빛의 근원으로 회귀하는 우리의 심원한 해석의 수직적 길로 왜곡되었다.

이 시점에서 독자들은 우리가 이러한 알레고리 방법에서 대수롭지 않거나 낯선 것을 취급한다고 생각해서는 안 된다. 오히려 이 방법은 수세기 동안 교회의 설교를 지배해 왔다. 오리게네스Origenes과 루터Luther 사이의 13세기의 간격은 이러한 방법으로 가득했다. 아우구스티누스Augustinus는 알레고리 성경해석의 대가였다. 루터 이후에도 이 방법은 사라지지 않았고, 네덜란드 개혁주의 설교자들도 그러했다. 예를 들어, 요도쿠스 판 로덴스타인Jodocus van Lodenstein은 알레고리 성경해석을 잘 사용하였다!

따라서 성경 읽기와 해석에 대한 이러한 방식에 각별히 주의를 기울이는 것은 확실히 가치 있는 일이다.

다양한 상황에서 알레고리는 옛 종교 문헌을 새로운 시대에 수용할 만하게 만드는 일반적 수단인 것처럼 보인다. 따라서 예를 들어, 그리스 사람들은 알레고리 기술을 호메루스Homerus에게 적용함으로써 신화에서 나오는 비교적 사소한 신들의 이야기를 후대에 수용 가능하게 만들고자 했다. 알레고리는 성경의 내용과 대중적 헬라 문화의 통찰 사이의 통합을 추구할 때 성경에도 적용되었던 일종의 변증적 무기였던 것으로 비친다. 이미 언급된 알렉산드리아에는 계몽적 유대인 **필로**(*Philo*, B.C. 25-A.D. 45)가 살았는데, 그는 두 세계에 속한 사람이었다. 그는 구약적 배경을 가지고 헬라 문화의 중심지에서 살았다. 따라서 그는 그리스 사상과 구약성경 사이의 연관성을 추구하였는데, 이는 이러한 방식으로 유대교를 부정하지 않은 채 유대교를 당시의 개화된 세계에 제시하기 위함이었다. 그 목적을 달성하기 위해 필로는 알레고리라는 무기에 손을 뻗었다. 알레고리의 도움만으로 모세의 율법이 모든 그리스 철학이 발생하기 오래 전부터 세상의 모든 지혜를 지닌다는 사실이 수용 가능하게 되었다.

이후 기독교회 내부의 소위 **사도적 교부들**Apostolische Vaders와 **변증가들** Apologeten은 이러한 필로의 방법을 전수받았다. 그들은 필로의 상황과 비견될 만한 상황 속에서 자신들의 기독교 신앙고백으로 살았다. 그리고 이후 알렉산드리아 사람 **클레멘스**Clemens와 **오리게네스**Origenes가 기독교에 대한 신플라톤주의적 변형variant을 고안했을 때 세상에 유사한 방법을 제공하였다.

이로부터 우리는 필로의 영향이 기독교회 안에 널리 퍼진 것을 알 수 있다. 그 영향은 중세의 스콜라주의와 신비주의에도 전수되었다.

알레고리에서 지속적으로 중요한 것은 역사 서술이 무시간적 도덕적 가르침으로 왜곡되어 역사 속 구체적 인물이 영혼의 힘의 상징으로 변하는 것이다.

필로가 이러한 알레고리를 자신의 피난처로 삼았던 까닭은 이런 방식으로 유대교를 메시아적 세계 종교로 만들기 위해서였다.

그렇게 하는 사이에 필로는 구약성경의 성격과 목적을 파괴하였다. 왜냐하면 구약성경은 우리가 살아계신 하나님의 계시를 만나는 철저히 역사적인 책이기 때문이다. 이러한 하나님은 자신을 역사 속에 드러내셨고, 약속된 메시야의 미래로 향하는 길에서 그의 백성과 함께 하셨다. 따라서 구약성경은 반드시 열린 결말을 가져야 한다.

따라서 유대주의Judaïsme가 모세오경 안에 모든 지혜가 담겨있다고 이해할 때, 이 유대주의는 구약성경의 독특한 초점, 즉 미래를 향한 역동성을 파괴한다. 사람들은 그 본성 때문에 무엇보다도 앞으로 열려있어야만 하는 것을 대충 잘라내고 가로막는다. 그렇게 하는 사람은 누구나 역사의 역동성을 방해하고 달리는 마차를 멈추게 하는 것이다. 그 사람은 구약성경의 앞서 가는voor-lopig 일시적 성격을 이해하지 못한다.[3] 이렇게 함으로써 동시에 그는 새 언약의 모든 형태의 성취에 대해서도 스스로를 배제시킨다. 이것이 사도가 고린도후서 3:14, 16에서 언급한 '수건'deksel이다. 우리는 여기서 믿음 없는 유대교의 심각한 비극을 보게 된다. 메시아에 대한 구속사적 언급은 알레고리적 유대 성경학에 의해 왜곡되었는데, 유대 성경학은 유대 종교를 세상의 메시아로 제시하고, 세상을 하나님의 아들로부터 멀리 떼어 놓기 위하여 알레고리를 그 수단으로 사용하였다. 여기에 자신의 민족을 향한 바울의 깊은 슬픔의 기원이 놓여 있다. 여기에 또한 구약성경 이야기들과 관련하여 유대주의에 대한 그의 투쟁 동기도 놓여 있다(참조. 특히 롬 4:9; 갈 3:4).

---

3. 역자주. Trimp 교수는 여기서 Word Play를 하는데, 네덜란드어에서 voorlopig은 일시적, 임시적이라는 뜻을 가진다. 하지만 voor-lopig이라고 쓰게 되면, 앞서 간다는 의미를 지니게 된다. 따라서 Trimp 교수는 이 단어를 사용하여 구약성경이 신약성경에 앞서 갈 뿐만 아니라 신약성경에 대해 일시적, 임시적이라는 뜻도 동시에 지니게 됨을 보여준다.

"내게 말하라 율법 아래에 있고자 하는 자들아 율법을 듣지 못하였느냐?"(갈 4:21). 바울은 실제로 여기서 자신의 입으로 '비유하기'allegoriseren라는 말을 사용하기를 부끄러워하지 않는다(24절). 하지만 단 한 순간도 아브라함의 장막에서 일어난 사건(사라와 하갈 사이의 갈등)의 역사적 사실성을 부당하게 다루지 않았다. 그래서 사도는 모든 방법을 통해 족장들의 권위 있는 역사에 근거해서 유대주의가 위조라는 것을 보여주길 원하였다.

알레고리는 구약성경에서 모든 지혜를 기대함으로써 구약성경을 존중하는 것처럼 보인다. 그러나 그럼에도 불구하고 실상 알레고리는 이야기에서 이미 확고하게 정해진 '지혜'를 짜내기 위해 온갖 불건전한 방식을 사용하는 곡예적인 술책이다. 따라서 알레고리는 사실상 구약성경에 대한 강탈이자 훼손이다. 이것은 인간의 헛된 상상력의 산물이며, 하나님의 구원의 길에 거치는 것과 어리석은 것을 제거하려는 시도다. 따라서 알레고리는 인간이 이해할 수 있는 하나님에 대한 기준을 채용하고, 이 기준에 따라 '성경의 신형상godsbeeld'(!)을 형성한다.

이러한 흥미진진한 역사에서 얻어진 결론이 우리의 논의에 중요하다. 구약성경의 구속사적, 기독론적 성격이 인정되지 않는 곳에서 사람들은 알레고리를 발견할 수 있을 것이다.

1.4. 신약 교회가 구약성경을 읽다

우리가 알레고리를 직면한 후 우리의 연구 주제를 담은 후렴구는 더욱 의미가 깊어진다. "하나님은 자기 백성과 더불어 이 땅에서 그리고 역사를 통해 구체적인 역사적 행로를 걸으셨다." 그러므로 구체적인 역사 이야기는 우리에게 매우 중요하다. 우리는 수많은 형태의 성경적 '진리' 속에서 어떤 천상의 정보나 형이상학적 계시들을 받는 것이 아니다. 성경은 하나님의 행하심과 하나님과 인간 사이의 교제에 관한 많은 이야기 형태 속에서 바로 그 독특한 이야기를 우리에게 들려준다.

이런 맥락에서 성경은 이 교제가 종종 교착상태에 빠질 위협을 받거나 실제로 교착상태에 빠졌던 수많은 복잡한 일에 대해 우리에게 침묵하지 않는다. 형이상학적 안내서handboek는 신(神)개념 godsbegrip에 대한 명확한, 추상적인, 그리고 어느 정도 심오한 정보를 제공한다. 역사적 기술(記述)은 역사적 사건의 고유한 구체성 가운데 하나님의 계시가 우리에게 다가온다는 것을 보여준다. 모든 일은 거룩하신 하나님과 완고하고, 죄 많고, 속 좁은 수많은 사람들 사이의 살아있는 관계 속에서 발생한다. 하나님께서 가장 현저하고 복잡다단한 상황에 관여하신다는 것은 전혀 놀라운 일이 아니다.

우리는 성경에서 하나님께서 아브라함과 이삭과 야곱의 하나님으로 불리는 것을 부끄러워하지 않으신다는 것을 읽는다(히 11:16). 영원하신 하나님은 **자신의**^{zijn} 이름을 사람들의 이름과 인생 이야기에 연계하는 것이 자신의 신분을 낮추는 것으로 생각하지 않으셨다. 하나님의 이름을 언급하지 않은 채 아브라함과 이삭과 야곱의 인생 이야기를 말할 수 없는 것처럼, 이제 이러한 사람들의 역사를 떠나서는 하나님의 이야기를 전해줄 수도 없다. 출애굽기 3:15-16에서 이 하나님의 이름이 이집트에서 핍박받는 자기 백성에게 야훼Yahwe라는 자기소개 속에 얼마나 강하게 작용하는지 읽을 수 있다. 하나님이 그것을 부끄러워하지 않으신다고 성경은 말한다. 사실 하나님이 그것을 부끄러워할 만한 이유는 충분했었다. 명예로운 이름 대신에 자신을 방랑하는 아람 사람이나 사기꾼처럼 불리도록 허락하는 것은 확실히 명예를 손상시키는 일일 것이다. '야곱의 하나님'이 된다는 것은 자신의 이름을 명백한 사기꾼과 연계하고, 자기 자신을 야곱의 아내들의 천박한 침실의 계략과 음모(창 30)를 포함한 수많은 불쾌한 상황 속에 빠지게 허용한다는 것을 의미한다. 그럼에도 불구하고 하나님은 그렇게 불리어지고 일컬어지기를 원하셨다. 시편은 여러 곳에서 이것을 증언한다. "만군의 하나님 여호와여 내 기도를 들으소서 야곱의 하나님이여 귀를 기울이소서"(시 84:8). "여호와께서 자기를 위하여 야곱 곧 이스라엘을 자기의 특별한 소유로 택하셨음이로다"(시 135:4). 이것이 그 전체적 비밀이다.

이러한 실제들을 깊이 생각할 때, 우리는 구속사 배후에 숨겨진 어떤 역동적 힘을 이해하기 시작한다. 우리는 하나님이 인간의 삶과 사회의 그 모든 복잡함 가운데 자신을 연관시킨 그 구체적인 이야기에 대한 깊은 의도를 보게 된다. 우리는 이 지상 생활의 평면에서 행하신 하나님의 행동의 구체성에 더욱 놀라게 되고, 각각의 이야기 속에서 지상의 존재인 사람과 함께 하려는 하나님의 절대적 의지에 대한 멋진 증거를 바라본다. 여기서 구체적인 이야기를 하나님의 계시로 사용하기엔 너무 진부한 것으로 생각하고, 따라서 알레고리를 통해 하나님의 이름을 불명예로부터 보호하기 위한 시도를 취하는 사람은 하나님의 위대하심을 보호하기보다는 오히려 손해를 끼친다.

그러므로 우리는 특히 루터의 출애굽기 설교에 기록된 오리게네스에 대한 그의 격렬한 저항에 깊이 감사하자. 루터는 바로 이러한 저항을 통하여 형이상학자들의 손에서 성경을 빼앗을 수 있었고, 하나님의 형언할 수 없는 은혜의 소식으로 교회에 돌려 줄 수 있었다.[4]

구약성경의 모든 이야기는 그 자체로 사람들과 함께 거하고 사람들과 함께 행하고자 하는 하나님의 뜻을 특징적으로 묘사한다. 여기 이 땅에서의 모든 행동은 자신 안에, 자신의 거룩한 삼위일체의 존재 안에 있는 하나님의 사랑의 행동에 의해 야기된 것이다.

태초에 말씀이 계셨고 이 말씀이 하나님과 함께 계셨으니 이 말씀은 곧 하나님이셨다. 이 말씀 안에 생명이 있었고 이 생명은 사람들의 빛이었다. 그리고 이 빛이 어둠에 비취었다. 참 빛 곧 세상에 와서 각 사람에게 비추는 빛이 있었다(요 1:1, 4, 5상, 9).

---

4. 참조. H. Østergaard-Nielsen, *Scriptura sacra et viva vox*. Eine Lutherstudie, München, 1957, 69.

그것은 구약성경 안에서 일어난 사건들의 역동적 힘이다. 인간의 모든 행동은 이러한 하나님의 자기 행동으로 설명할 수 있다. 요한복음 1장의 주장하는 내용이 말씀의 성육신 보고로 나아가듯이(요 1:14), 구약성경의 모든 이야기 속에서 모든 것은 하나님이 장차 더욱 가까이 오시고, 자신의 인격 가운데 사람들과 함께 거하실 것이며, 우리가 '한 인격 안에 두 본성'에 대해 말하게 될 그 날을 향해 나아간다.

그래서 구약성경은 우리에게 하나님을 보여주는데, 그는 예수 그리스도의 아버지시다.

그는 자기의 아들을 구원자로서 보내려고 일하는 창조주시다. 이것이 구약성경의 모든 이야기에 대한 기독론적 집중과 고정이다. 하나님이 요한복음 1:14에서 의도한 날을 성취할 그 어떤 계획도 갖지 않았더라면, 그 이야기들은 아무것도 발생하거나 묘사하지 않았을 것이다.

구약성경 이야기는 우리를 성육신으로만 이끌지 않는다. 그것은 또한 우리를 골고다 희생의 자리까지 이끈다. 왜냐하면 하나님과 그의 백성 사이의 모든 교제는 반드시 단번에 획득되고 지불되어야 했기 때문이다. 진실로 하나님은 이스라엘의 부정함 가운데 거주하셨다(레 16:16). 그 불가능한 상황은 오로지 속죄와 정화의 피를 통해서만 가능할 수 있었다.

구약성경을 주의 깊게 듣는 사람은 또한 진노와 질병, 죽음과 무덤의 권세에 대한 생명의 승리를 갈망하는 많은 세대의 오랜 통곡도 들을 것이다. 그는 다윗의 왕위가 영원히 세워지고, 새 언약의 위대한 선물로서 하나님의 백성에게 성령이 영구적으로 부어지는 그 날에 대한 동경을 이해할 것이다. 구약은 다시 획득되고 다시 열린 천국을 향한 향수로 가득 차 있다. 오로지 신약성경의 사실 설명만이 이 책(구약성경)과 이 세대(구약시대)를 쉼으로 인도한다.

이러한 방식으로 구약성경의 이야기 소재에 대해 숙고하고자 할 때, 우리는 동시에 초기 기독교회가 구약을 하나님의 말씀으로 인정하기에 주저하지 않았다는 사실의 근본적 의미를 이해하게 된다. 구약성경이 신약성경 없이 이해될 수 없는 것처럼, 우리는 구약성경 없이 신약성경을 읽을 수 없다.

이것은 구약성경이 유대인의 책이며 유대인을 위한 책이라는 것을 의미하지 않으며, 게다가 기독교회가 신약성경의 형태 속에서 특별하게 양육되었다는 것을 의미하지 않는다. 이것은 또한 우리가 좋은 그리스도인이 되기 위해서는 먼저 유대인이 되어야만 한다는 것도 의미하지 않는다. 유일한 진리는 구약성경이 그리스도와 그리스도의 탄생의 날이 이르기를 바라는 하나님의 뜻으로 가득하다는 것이다. 모든 이야기는 그분 안에서 그 의미, 그 안식, 그 해석, 그리고 그 구상을 발견한다. 구약성경의 긍정적인 것은 그분 안에서 확립되고 그분에 의해 성취된다. 남아있는 질문은 그분이 대답할 것이다.

신약성경 전체의 가르침은 우리로 하여금 구약성경과 신약성경을 상호 간의 연관성에서 이해할 것을 요구한다.

동시에 바울 사도는 이 경륜 사이의 차이를 이해하도록 우리의 시야를 열어주고, 아담, 모세, 그리고 그리스도 사이의 관계를 광범하게 취급한다. 이러한 맥락에서 그는 성취, 폐지, 그리고 새로운 정당성의 요소가 각기 제 역할을 하는 것을 본다. 믿음으로 말미암은 의의 복음은 율법과 선지자에 의해 확립된 반면, 바울 사도는 자신의 설교로 율법을 확립한다(롬 3:21-31; 4:1이하). 동일한 복음은 모세의 의식적(儀式的) 율법과 관련하여 기독교적 자유를 수반한다(갈 4; 5).

히브리서에서도 모든 것은 다르지 않다. 히브리서 기록자는 이미 첫 구절에서 옛 언약과 새 언약 사이의 차이와 연속성, 옛적 하나님 말씀의 단편적 성격, 그리고 아들 안에서 주어진 자신의 계시에 대한 결정적 특징에 주의할 것을 가르친다. 이 전체 서신은 이러한 관점으로 지속된다.

유대주의적 율법주의에 대한 투쟁에 관한 것이라면, 신약성경은 우리로 하여금 경륜의 차이에 주목하게 한다.

하나님의 전형적인 통치에 관한 것이라면, 그것은 구약성경에서 역사의 통일성과 역사의 중심인 그리스도로 말미암아 논박된다. 왜냐하면 그 통치 전체는 사람의 삶과 마찬가지로 다양한 부분들로 이루어진 하나의 역사를 형성하기 때문이다. (참조. 갈 4:1이하).

그러므로 오늘날 교회를 위한 하나님의 말씀으로서 구약성경을 올바르게 읽는다는 것은 기독교 교리 전체와 특히 창조론과 기독론을 주목하는 것이다. 그리스도의 오심으로 인하여 경륜 사이에 차이가 생긴다. 하지만 이 그리스도는 하늘과 땅의 창조자인 성부 하나님의 아들이시다. 따라서 창조의 사역과 역사 사이에는 (말시온의 이원론에 반대하여) 깊은 통일성이 있고, 이 역사는 (영지주의와 알레고리에 반대하여) 하나님의 현존을 통해 상상할 수 있는 최상의 실제 모습을 갖는다.

1.5. 하나님은 시간과 때를 결정하신다

하나님은 자기 백성과 동행하신다. 그 가는 걸음은 시간을 통과하여 이 땅을 지나는 길을 요구한다. 하나님은 자기 백성과 함께 하고 또 자기 백성 가운데 거하기를 원하신다. 따라서 그는 구약의 경륜에서 장소와 연대를 산정할 수 있는 사실들 가운데 자기 백성에게 다가오신다. 하나님과 그의 백성은 그가 자신의 아들 안에서 그리고 성령을 통하여 세우게 될 위대한 사실을 향한 길로 함께 간다. 왜냐하면 참 빛이 세상 안으로 들어왔기 때문이다.

하나님과 함께 계셨던 그 말씀이 육신이 되셨고, 사람들 가운데 거하셨던 날이 왔다(요 1:14). 그 순간을 가리켜 '**때가 차매**'*de volheid van de tijd* 라고 부른다(갈 4:4).

우리는 이와 같은 구(句)를 **진화론적***evolutionair* 혹은 **문화적***kultureel* 의미로 이해해서는 안 된다.

이런 말을 **진화론적***evolutionair* 의미로 이해하는 사람은 위대한 사실에 선행하였던 역사 발전에 주목한다. 그래서 그는 여름 태양 아래 막 추수하게 된 과일처럼 모든 것이 위대한 사건을 위해 무르익었다고 결론짓는다. 하지만 그리스도의 오심은 이스라엘 역사의 산물이 아니다. 그 반대다! 선지자는 이미 수세기 전에 이새의 **줄기** tronk에서 한 싹이 나올 것이라고 오해할 수 없을 정도로 분명하게 선언했다(사 11:1). 다윗 왕조는 도끼에 찍혀 베인 나무의 형상을 보여준다. 그럼에도 불구하고 약속된 다윗의 아들이 왔다.

또한 우리는 '때가 차매'라는 구(句)를 **문화적** kultureel 의미, 즉 당시의 헬라의 문화 세계가 세상에 구주의 오심을 위해 무르익었다는 의미로 해석해서도 안 된다. 물론 이런 이야기는 자주 언급되었다. 헬레니즘은 말하자면 그분을 '세상의 최고 열망'으로 받아들일 준비가 되었을 것이다. 이것은 마치 텐 카테 J. L. ten Kate가 개혁파 교회로 하여금 수년간 노래하게 한 것과 같다. 십자가의 말씀이 그리스인과 로마인에 의해 수용된 방식은 우리에게 다른 것을 가르친다.

우리는 '때가 차매'를 반드시 하나님의 계획을 통해 이해해야 한다. 하나님은 시간을 취하여, 시기와 때를 결정하셨다. 그가 이 땅에 그리스도의 오심을 준비하기 위해 취하셨던 시간은, 마치 계량컵이 어떤 특정한 시점에 가득 찰 수 있듯이, 특정한 때가 가득 찼을 때였다. 그것이 왜 바로 이 순간이었는지, 아우구스투스 황제 시대였는지 우리는 그 이유를 알 수 없다. 왜 하나님의 아들은 가인이 태어났을 때, 혹은 이삭의 출생 순간에 이 세상의 구주로 오시지 않았는가? 혹은 곧바로 다윗의 첫째 아들로 오시지 않았는가? 우리는 알 수 없다.

그리스도가 자신의 제자들에게 들려주신 마지막 말씀 중 하나는 우리를 우리의 자리에 돌려 놓는데, 이 때는 아버지가 경륜의 시기와 현저하게 중요한 순간을 자신의 '권한'에 두었음을 아들이 우리에게 알려주었을 때다(행 1:7). 그는 이러한 순간을 계획하였고, 친히 이 모든 것을 결정한다.

그러나 역사가 진전함에 따라, 그 경륜과 역사의 중요한 순간이 우리 눈앞에 펼쳐졌다. 그리스도가 등장하여 하나님의 나라가 가까이 왔다고 외쳤을 때 그것은 **카이로스**kairos였다. 그가 죽고 부활하였을 때, 역사의 중심점이 우리에게 가시화되었다. 그리스도의 복음 설교의 때는 언제나 다시금 **카이로스**kairos가 된다. 우리가 도르트신조(D. L. I. 3)에서 고백하듯이, 하나님은 매우 기쁜 소식의 설교자들을 자신이 원하는 자들에게, 그리고 자신이 원하는 때에 보내신다.

또한 하나님은 이러한 중요한 때를 자신의 손 안에 붙들고 계신다. 왜냐하면 그리스도 예수가 모든 사람을 위한 대속물로 자신을 주었고, 이것이 증명되었기 때문이다. 물론 이것은 하늘에서 떨어진 형이상학적 책을 통해서 증명되었기 때문이 아니다. 또한 이것은 사람들이 무르익었다고 생각하는 때가 아니라 사도가 디모데에게 가르친 것처럼 적합하고 확정된 때에 증명되었기 때문이다(딤전 2:6).

요약하자면, 역사는 독립적으로 작동하는 자신의 역동성을 갖지 않는다. '그런' 역사는 전혀 존재하지 않는다. 하나님은 자신의 의도에 따라 시간과 때를 만드신다. 역사는 하나의 거대한 잿빛 덩어리가 아니다. 역사에는 중심점과 전환점이 있으며, 진전과 퇴보가 있고, 경륜과 구분이 있다. 이 모든 시간은 서로 구속사를 구성한다. 예수 그리스도의 아버지는 그 역사를 지배하고, 성령은 그 통치의 시행을 책임진다. 성경은 이것을 에베소서에서 하나님의 '경륜'oikonomia, 자신의 통치을 시행하고 조정하는 하나님의 방식이라고 부른다(엡 1:10; 3:2, 9). 교회로 하여금 이 단어를 예리하게 주목하도록 가르친 사람은 바로 이레나이우스였다.

이것과 연관된 것은 성경 자체가 우리로 하여금 시간의 흐름 속에 있는 강조점에 주목하라고 가르친다는 사실이다. 예를 들어, '지금'nu 혹은 '이제는'thans과 같이 중요한 단어가 크게 강조되어 있다는 것이 눈에 띄지 않는가! 우리는 로마서 3:21, 고린도후서 6:2, 에베소서 3:10 그리고 골로새서 1:26을 생각한다. 그러한 강조는 동시에 그보다 앞선 시기에도 빛을 비춘다(참조. 롬 16:25-26). 왜냐하면 '지금'은 위로부터 정해졌으나 그럼에도 불구하고 그것의 윤곽은 세속 역사의 수평적 상황 속에서만 만들어지기 때문이다. 하나님의 아들이 위로부터 온 것은 여기 낮은 데서 '구원의 날'dag van het heil을 획득하고 소개하기 위함이다.

이런 이유로 우리는 시간의 진전과 충만함, 시대의 목적에 대하여, '옛'vroegere 날들과 '마지막'laatste 날들, '이'deze 시대와 '오는'komende 시대에 대하여 자신 있게 말할 수 있다. 성경 자체는 그 점에 있어서 우리보다 앞서 간다(참조. 엡 1:10; 행 2:16; 히 1:2; 6:5; 고전 10:11 등).

우리가 '옛 언약'oude verbond이라는 이름으로 지칭할 때가 먼저

온 것은 하나님의 결정이었다. 그것은 준비를 위한 활동 기간이었다. 하나님의 계시 활동은 그 활동의 단편적 성격에 의해 특징지어진다. 하나님은 임시적으로 활동하였고, 계시의 다양한 형태와 기관을 사용하셨다(히 1:1).

그 후에 하나님이 자신의 아들 안에서 최종적으로definitief 선언하셨던 때가 왔다. 그가 당시에 말씀하셨던 것을 이제 아들 안에서 말씀하셨다. 이 최종적 말씀의 빛에 비추어 우리는 구약성경의 모든 움직임, 하나님의 모든 말씀 계시와 행위 계시를 이해해야 한다. 그렇게 할 때, 구약성경 안에 있는 역사적 복합체는 지속적 요소와 가변적 요소로 구별되어 우리에게 드러나게 된다.

하나님의 사랑과 자기 백성과의 생명력 있는 교제를 향한 그의 의지는 지속된다.

하나님이 그리스도 안에서 자신의 사랑을 표현하신 형태와 그의 백성의 응답은 가변적이다. 그것들은 당시 하나님 사역의 예비적 단계, 지시하는 단계, 그리고 그림자적 단계의 특징을 지닌다. 그것들은 하나님이 그의 백성의 구체적인 삶의 정황을 그때 거기서 진지하게 취하셨던 특정한 방식을 보여준다.

'성취'vervulling가 신약 경륜의 특징으로서 언급될 때, 이 단어는 어쨌든 **두 가지**twee 의미를 갖는다.

첫째, 구약성경의 많은 것이 이제 충만해지고 현실이 되었다. 그것은 자신의 목표에 도달하였다.

둘째, 하나님에 대한 구약 예배의 다양한 형태는 그 기능이 성취되었고 폐지될 수 있다.

이 두 가지 의미는 결코 서로 모순되지 않는다. 그것들은 사실상 매우 긴밀하게 연관된다. 결혼하는 날이 되었을 때, 약혼은 그 목표에 도달하였다. 약혼은 결혼으로 성취되었다. 하지만 정확하게 이런 이유로 지금까지 교제할 동안에만 유용했던 보조 수단, 예를 들어, 러브레터는 사용되지 않는다. 결혼 생활에서 러브레터가 사라졌다고 불평하는 사람은 바보다. 성경의 언어로 진술하자면, '실체'lichaam를 가진 사람은 결코 '그림자'schaduw로 돌아가기를 바라지 않는다!

그러므로 우리가 옛 이야기들을 읽는다면, 우리는 반드시 그와 같은 기본적인 정보를 고려해야 한다. 우리는 하나님이 '거기에 머무시는'er bij blijft, 즉 교제에 대한 자신의 계획, 자신의 사랑, 자신의 뜻에 머무는 분이심을 알아야 한다.

우리는 또한 말해야 한다. 과거에는 어떠했을지라도, 지금은 전혀 다르다.

그렇게 할 때 비로소 우리는 시대와 때를 존중하는 것이다.

만일 당시에도 그랬다면, 지금은 그 정도가 얼마나 더 심해졌겠는가라고 말한다면, 우리는 또한 시간 속에서의 진전과 그리스도 안에서 성령을 통한 하나님 사역이 강화되는 것을 존중하는 것이다.

그리고 당시에 사람들이 물음표를 던질 수밖에 없었던 곳에서,

이제 우리는 그리스도의 영(Geest)을 통하여 그 답을 알 수 있고 그 답 뒤에 느낌표를 찍을 수 있다.

"이제 우리 하나님의 구원과 능력과 나라와 또 그의 그리스도의 권세가 나타났으니 … 그리고 성령과 신부가 말씀하시기를, '오라!'"(계 12:10, 22:17상)

우리가 성경을 읽을 때 역사적 간격을 인정하고 존중하는 것은 만물의 창조자, 구속자, 그리고 완성자에 대한 존경의 표시다. 그러나 이 동일한 존경은 우리로 하여금 또한 항상 이 세상에 오셨고, 때가 찼을 때 하나님의 최종적definitieve 구원의 길을 계시하셨던 그리스도를 믿는 우리의 믿음으로 그 간격에 다리를 놓게 한다.

역사주의historisme는 모든 것을 상대화한다. 왜냐하면 그것은 모든 것을 역사 속에 가두기 때문이다.

알레고리는 모든 것을 무시간의 개념으로 증발시킨다. 왜냐하면 그것은 예수 그리스도의 아버지를 시간과 역사의 창조자로 경배하지 않기 때문이다.

우리로 하여금 그 간격과 통일성을 모두 존중하도록 가르친 것은 성경이다. 이것은 우리가 하나님의 면전에서 '행함'wandel을 위한 기본적인 자료다. 이러한 존중의 비밀은 아들의 인격에 대한 비밀과 매우 깊게 연관된다. 구약 경륜 안에서 두 가지가 그리스도에게 적용된다. "**그는 이미 거기에 계셨다**Hij is er al. 그리고 **그는 아직도 오셔야만 했다**Hij moet nog komen."

그는 구원자로서 적극적으로 행하셨고 그는 또한 자신의 출생, 죽음, 부활의 날을 향해 가는 중이었다. 하나님의 사랑은 지상에서 이미 다스리고, 수많은 일을 행하였고, 그분과 교제하는 구원을 나누어주었다. 동시에 죄에 대한 하나님의 분노는 여전히 만족되어야 했고, 여전히 구원을 획득해야 한다는 것은 참된 사실이다. 여기 이 땅에서 인간에게 주어진 날 동안 인간의 삶 가운데서 그렇게 되어야 한다.

은혜는 중보자를 통한 하나님의 공의의 만족을 보여주는 역사적 사실에 고정되지 않아서 성취를 통해 아직 확립되지 않았다. 칼빈은 말하기를, 은혜가 있었으나, 그것은 옛 언약에서 여전히 '표류하였다'zwevend고 했다.5 그러한 사실을 아는 것은 우리의 성경 읽기의 출발점에 속한다. 구약성경의 하나님은 삼위일체의 하나님이시다. 우리는 옛 이야기 속에서 **그분의 현존**zijn presentie과 **그분의 오심**zijn komen도 읽는다. 오직 삼위일체 교리를 통해서 우리는 이러한 연계성을 이해할 수 있다.

신약성경과 연관된 우리의 구약성경 이해의 기본 원리에 대한 이러한 해설에 마지막으로 하나의 관찰이 더 추가되어야 한다.

우리는 이 두 경륜 사이의 관계를 하나님의 언약적 파트너로서

---

5. *Institutes*, II, 11, 4. 그리고 IV, 14, 25. 참조. I. J. Hesselink, *Calvin and Heilsgeschichte*, in F. Christ (red.), *Oikonomia*. Heilsgeschichte als Thema der Theologie (Festschrift O. Cullmann), Hamburg 1967, 163-170.

인간*mens*의 측면에서 살필 수 있고 또 살펴야만 한다. 이 말의 의미는 무엇보다 하나님을 알아야만 하는 사람들과 하나님이 동행하신다는 것을 깊이 깨달아야 한다는 것이다. 달리 표현하자면, 하나님께서 자신에게서 멀리 떨어져 소원해진 수많은 사람과 함께 동행하신다는 것이다. 하나님은 미숙하고 어리석은 신부와 결혼하셨다.

우리가 하나님께서 그런 백성과 동행하셨다는 사실을 알게 될 때, 우리는 그 백성의 편에서 하나님의 백성이 되기에 절대적으로 무능하다는 사실을 이해할 수 있다.

아브라함과 그의 후손은 죄와 죽음에 사로잡혀 있었다. 그들 중 누구도 하나님과의 교제에 관심이 없었다. 그들은 하나님과 동행하기 위해 날마다 하나님의 많은 은혜를 필요로 했다.

게다가 하나님은 그들 자신의 문화적 상황에서 살아가는 백성과 동행하기를 원하셨다. 구체적인 문화적 환경과 과정 속에서 아브라함의 백성은 여호와의 계명을 준수하는 법을 배워야만 했다. 이 일을 위해 하나님께서는 많은 시간을 들이셨다. 하나님은 자기 백성을 세상 밖으로 데려가지 않으셨다. 따라서 우리는 옛 언약 안에 살던 신자들을 너무 성급하게 비난하지 말아야 한다!

하나님을 섬기는 것과 관련된 이 모든 일에서, 우리는 또한 역사의 역동성에 주목해야 한다.

율법주의*Wetticisme*는 정적(靜的)이고 영원한 규범에 대해 이야기한다. 하지만 하나님은 길을 행하셨고 이스라엘은 그 길 위에서 한 걸음씩 걷는 법을 배워야만 했다. 우리가 이 장의 처음 부분에서 보았던 것처럼 이스라엘은 하나님의 길을 보존해야만 했다.

하나님은 자신의 언약 파트너를 비참한 노예 상태에서 건져내셨는데, 그들은 부름 받는 순간까지 그런 상태에 빠져 있었다. 그는 이스라엘을 이끄셨고, 그들의 삶을 자신의 사역, 자신의 창조, 자신의 미래, 즉 자신의 아들과 성령의 오심의 지평 속에 두셨다. 게다가 하나님은 이스라엘의 통찰력과 사랑, 정서와 인내의 증진을 위해 지속적으로 일하셨다. 하지만 이스라엘의 반응은 종종 하나님의 돌보심과 반비례했다. 이야기는 이스라엘의 지속적인 타락과 퇴보와 망각으로 돌아가는 것을 주목한다. 따라서 그 관계는 기복이 있었다. 사랑의 역사는 고난의 역사가 되는 것처럼 보였다. 하나님은 자기 백성과 논쟁해야만 했다. 결국에는 이혼에 이르고, 심지어 뼈가 가득한 계곡(= 추방)에까지 이르게 되었다. 하지만 이것으로 이야기가 다 끝난 것은 아니다. 하나님은 간음 이후에 결혼식으로, 그리고 (추방의) 무덤 이후에 생명으로 부르시는 권세를 가지신 분이다. 새 언약이 오고 있으며, 성령의 더욱 강력한 사역이 오고 있다. 사랑이 승리한다!

이러한 하나님의 은혜로 말미암아 구속사는 모든 불신앙과 불완전, 반항과 무능력 가운데서도 신앙과 사랑의 역사가 될 수 있다.

히브리서 11장은 그 어떤 유토피아의 동화를 들려주는 것이 아니라, 옛 언약 가운데 있는 하나님의 거칠고 모진 백성에 대한 실제 이야기를 들려준다. 지혜로운 사람은 그 이야기에 주목한다. 왜냐하면 그것은 또한 하나님의 영이 만드신 때와 시기이기 때문이다.

2. 구속사

Heilsgeschiedenis en Prediking

2.1. 구속사 개념의 내용

우리는 '구속사'를 예수 그리스도의 아버지께서 사랑의 교제 가운데 자기 백성과 함께 살려는 목적을 실현하기 위해 활동하시는 역사적 사실 전체로 이해한다.

이 역사의 흐름 가운데 중요한 순간을 예로 들면, 아브라함을 부르심, 모세의 사명, 다윗의 등장, 포로생활에서의 귀환이다. 하나님께서 그의 아들을 인간의 몸으로 보내시어 최고 선지자로 선포하고 치유하게 하시며, 우리의 유일한 대제사장으로서 고난과 죽음을 당하게 하셨을 때 하나님은 중추적 순간을 만드셨다.

부활의 날은 모든 날을 크게 초월하는 중요한 날이다. 달력에 표기된 바로 이 날은 구속 역사의 절정이다. 왜냐하면 불멸의 생명이 첫 열매 가운데 이 땅에 도래하였기 때문이다. 그 후에 역사는 이 구원으로 가득하다. 승천, 오순절, 선교 여행. 모든 설교와 모든 세례는 구속사적으로 검증된 순간을 구성한다.

하나님에 대한 각 사람의 회심의 투쟁, 모든 기도, 인생의 선한 싸움과 위로 받는 죽음 역시 동일하게 적용된다. 그리고 우리는 모든 시대와 모든 장소의 교회와 함께 그 날을 열망하는데, 그날에 우리는 주님을 볼 것이며, 그분은 우리를 영원히 자신에게 취하여 아버지께 인도하실 것이다.

이러한 구속사는 모든 것과 관련되어 있지만, 그럼에도 불구하고 널리 알려지고 통용되는 또 다른 개념인 **계시사***openbaringsgeschiedenis*와 동일한 것은 아니다.

하나님께서 인간에게 그의 말과 행동 가운데 자신을 드러내신 시간 전체를 우리는 '계시사'라고 부른다. 직접적이든 사람을 통해서든 하나님께서는 그 가운데서 자신이 누구신지 그리고 자기 백성에게 어떤 존재이기를 원하시는지 보여준다. 그는 또한 권능, 진노와 심판을 나타내신다. 하지만 중요한 것은 자기 백성에게 자신의 은혜와 사랑을 드러내기 시작하셨다는 사실이다.

이 계시는 하나님께서 그의 아들 안에서 그리고 그리스도의 영을 통하여 완전하게 하실 것이다.

우리는 지금 점진적 구속사*voortgaande heilsgeschiedenis*를 이야기하는 것이지 점진적 계시*voortgaande openbaring*에 대해 말하는 것이 아니다. 이렇게 구속사와 계시사를 구별하는 것은 매우 중요하다. 왜냐하면 오늘날 '점진적 계시'*voortgaande openbaring*에 관한 생각에 대해 선을 그을 필요가 있기 때문이다. 그런 생각은 주로 성경이란 **과거 세대***zij*가 하나님에 대해 경험한 것을 확정하여 기록한 문서라고 말한다. 반면에 우리는 오늘날 우리 자신, 교회와 세상을 포함한 우리의 모든 경험이라는 커다란 얼개 안에서 소위 '깊은 경험'diepte-ervaringen을 추구한다. 세상과의 경험은 우선적으로 사회적 격변과 정치적 혁명을 떠올리게 된다. 소위 '깊은 경험'은 계시 경험이라 부를 수 있다.[6]

성경 자체는 구원이 풍부한 하나님의 말씀과 행동의 역사 속에 **통일성**eenheid이 있다는 것을 선명하게 보여준다.

여기서 우리는 이 전체 역사를 구성하는 모든 순간이 마치 하나의 꽃이 관찰된 생명의 법칙을 따라 만개하는 것과 동일한 방식으로 발생하게 된다는 소위 '유기적 통일성'organische eenheid을 말하는 것이 아니다. 그런 '유기적 통일성'은 인간적 사고의 산물로서 어디에서도 실제realiteit와 연관되지 않는다. 구조 작업은 물론 계획을 세워 진행할 수 있지만, 그렇기 때문에 그 작업이 '유기적'인 것은 아니다. 우리는 사물을 묘사함에 있어서 있는 그대로의 모습보다 더 아름답게 미화해서는 안 된다. 구속사에서 하나님은 엄청난 구조 작업을 행하신다. 그는 이 땅에서 불가능한 것, 즉 거룩하신 하나님과 죄 많은 사람 사이의 언약을 가능한 것으로 만드신다. 이것이 성취되기 위해서는 많은 문이 억지로 열려야 했다. 이런 일이 자주 일

---

6. 참조. C. Trimp, *De actualiteit der prediking* (Groningen, 1983²), 23이하. C. Trimp, 'Ervaaring' in de moderne theologie, in *Almanak FQI* 1986. 상세한 참고문헌도 참고하라.

어났고, 세상에서 삐꺽거리는 소리가 났다. 특정 순간에는 심지어 태양조차 어두워지고 땅이 흔들렸다. 바위가 갈라지고 무덤들이 열렸다. 왜냐하면 하나님께서 자신의 전능하신 손과 펴신 팔로 백성을 자신에게 이끄셨기 때문이다. 그것은 엄청난 사역이다. 하지만 결코 '유기적' 사건은 아니다. 우리가 구속사의 통일성에 관하여 말할 때, 우리는 이 구속사의 모든 순간이 자신의 구원 계획을 역사 속에서 시행하시는 동일하신 하나님에 의해 발생한다는 사실을 의미하는 것이다. 게다가 이러한 통일성은 모든 사건 가운데 논쟁의 여지가 없는 중심점에서, 즉 하나님의 아들, 예수 그리스도의 인생 여정과 죽음의 과정에서 우리에게 주어졌다. 구속사의 통일성은 이때 아버지의 우편, 다윗의 보좌에 앉으신 그분 안에서 매우 구체적으로 주어졌다(참조. 엡 1:10, 20).

이 마지막 진술은 또한 그리스도가 하나님의 영에 대하여 권세를 받으셨다는 것을 의미한다(행 2:33-36). 그는 성령을 통하여 이 세상의 길들을 따라 그리고 인류 역사의 시대를 거쳐 그의 영광스런 임재의 날에 있게 될 구속사의 완성을 향하여 사역하신다.

그러므로 구속사의 통일성은 또한 종말론적으로 주어졌다. 셀 수 없는 사건과 종종 온전히 이해할 수 없는 사건이 그리스도의 통치를 받는 역사의 유일한 목표를 지향하고 있다.

그러므로 구속사의 통일성은 우리의 지성으로 이해되거나 우리의 컴퓨터로 계산할 수 없다. 이러한 통일성에 대한 통찰은 삼위일체 하나님에 대한 고백과 더불어 주어진다. 사도신경은 이렇게 완전한 구속사를 탁월하게 표현하였다. 특정한 순간이나 특정한 이야기의 구속사적 모습을 평가하기 원하는 사람은 반드시 삼위일체 하나님의 존재와 사역에 대한 자신의 고백을 활성화시켜야 한다!

우리는 또한 이 역사를 정당하게 '**언약사**'*verbonds-geschiedenis*라고도 부를 수 있는데, 이것은 우리의 논의와 연관된 세 번째 명칭이다.
'구속사'는 하나님께서 역사의 과정에서 이 땅에 자신의 구원을 실현한다는 사실을 강조한다.
'계시사'는 그 가는 길에 하나님의 자기계시의 선물에 주목할 것을 요청한다. 하나님은 자신의 백성과 자신의 적에게 자신을 보여 주신다. 그는 큰 능력으로 자신이 누구인지 그리고 자신이 어떤 존재가 되기를 원하는지 드러내신다.
'언약사'는 또 다른 것을 강조한다. 언약사는 하나님께서 사람들과 함께 하는 자신의 구체적인 교제의 길에서 스스로를 드러내시고 자신의 구원을 주신다는 사실에 특별히 주목할 것을 요청한다. 하나님은 결혼의 교제 속에서 그의 사랑을 표현하신다.
우리가 이러한 관점에서 구속사를 볼 때, 우리는 신앙과 불신앙, 사랑과 사랑의 부재, 즉 사랑의 부정, 희망과 절망의 역사를 발견한다. 다툼, 의심, 유혹, 불평, 근시안적 견해, 편협한 마음, 어리석음, 고집과 하나님의 매 계명에 대한 범죄의 측면이 나타난다.
여러 국면이 있다. 하지만 거기서 멈추지 않는다. 왜냐하면 우리는 또한 하나님께서 어떻게 이 모든 비참한 장애물을 극복하셨는지도 보기 때문이다. 우리는 구약성경에서도 성령의 어떤 사역을 추측할 수 있다.

성령은 인생의 그 모든 최상의 때와 최악의 때에, 인간의 신실함이 무너진 그 모든 불안 가운데, 하나님의 백성을 붙들고, 무엇보다도 목표를 향해 가도록 하시는 분이다.

우리가 구속사를 언약사로 이해할 때, 언약의 고유한 강조점은 구속사 가운데 **인간**de mens을 간과하지 않도록 더욱 보호해 준다. 왜냐하면 그렇게 하게 될 때, 우리는 구원을 객관화시키고 그 구원을 인간 역사의 구체성으로부터 돋보이게 할 것이기 때문이다. 바로 그 안에서 하나님은 자신이 찬양 받기를 원하셨다.

구속사에 대해 말하는 사람은 당연히 많은 **사실들**feiten에 대하여 이야기한다. 어떻게 사실이 없는 역사가 존재하겠는가? 하지만 우리는 '사실'을 추상적, 개념적인 것으로 만들지 말아야 한다. 그 자체로서의 '그' 사실, 소위 '적나라한 사실'naakte feit은 존재하지 않는다. 우리는 '그' 사실을 하나님으로부터 분리해서도 안 된다. 왜냐하면 그는 사실 가운데 행동하시기 때문이다. 그는 사실을 수립하신다. 우리는 또한 '그' 사실을 사람들로부터 분리해서는 안 된다. 왜냐하면 하나님은 사람들과 함께 하는 자신의 교제 가운데 자신의 사실을 수립하시기 때문이다. 구속사에서 중요한 것은 '적나라한 사실'이 아니라 사람들과 함께 하는 하나님의 교제 가운데 있는 그의 활동이다. 바로 이런 방식으로 하나님께서 여러 세기와 여러 나라 속에서 우리에게 다가오신다. 하나님은 복잡다단한 인간 존재의 복잡성 가운데 개입하시고 간여하신다. 그는 여호와를 섬기는 것 대신 다른 대안을 수립하려는 인간적 책략의 끝없는 시도에 대항하여 싸우신다. 왜냐하면 인간은 하나님에 대한 섬김을 율법주의나 예식주의와 동일시하려고 시도하기 때문이다. 인간은 형상 숭배와 우상 가운데 자신의 종교적 충동을 발산하려는 것을 멈추지 않는다. 그는 거짓 예언 듣기도 멈출 수가 없다. 전체 구속사는 이런 오랜 세월의 지치고 피곤한 삶에 대한 '계속되는 이야기'continuing story, 끝을 모르는 이야기를 제공한다. 각 사람의 삶의 역사는 또한 이 이야기의 연장이다. 만일 우리가 결정할 수 있다면, 우리는 그 구속사에 대해 우리의 모든 이성을 사용하여 하나의 거대한 불협화음, 즉 어리석은 배우들이 연출하는 터무니없는 이야기를 만들 것이다.

그렇다면 바로 이 시점에서, 우리가 이미 앞에서 주목했던 그 본문은 우리에게 더욱 강하게 말한다. "하나님이 그들의 하나님이라 일컬음 받으심을 부끄러워하지 아니하시고"(히 11:16). 영원히 다스리시고 그의 이름이 거룩하신 분, 높으시고 존귀하신 분, 이 하나님은 사람들과 함께 행하고 돌보는 것을 자신의 위엄이 손상되는 것으로 여기지 않으셨다. 그가 말씀하시는 것을 들어보라. "내가 높고 거룩한 곳에 있으며 또한 통회하고 마음이 겸손한 자와 함께 있나니 이는 겸손한 자의 영을 소생시키며 통회하는 자의 마음을 소생시키려 함이라 내가 영원히 다투지 아니하며 내가 끊임없이 노하지 아니할 것은 내가 지은 그의 영과 혼이 내 앞에서 피곤할까 함이라"(사 57:15-16). 이 하나님께서 그의 백성과 함께 거하실 것이다. 그가 아무런 이유 없이 그런 백성을 위해 "한 성을 예비하셨"던 것이 아니다(히 11:16하). 그의 이름을 고백하는, 의롭게 되고 거룩해진 백성을 위하여 한 성을 예비하셨던 것이다. 성경에서 하나님과 인간 사이의 교제에 대한 어떤 이야기도 바로 이 구원의 뜻이 그 기초에 놓여있지 않은 것은 없다.

아버지와 아들과 성령께 영광
태초에 있었던 것처럼, 지금과 장래에도
그리고 영원부터 영원까지
아멘.

2.2. 이 용어의 약점

'구속사'라는 단어의 다양한 측면을 발견해 보면, 우리는 이 단어가 매우 유용하다는 것을 이해할 수 있다.

그럼에도 불구하고 여기서 하나의 경고에 주의해야 한다. 우리는 우리가 사용하는 모든 미사여구로 위험을 무릅쓰게 되는데, 그것은 우리가 '구속사'나 '언약사' 같은 용어를 쉽게 사용하는 잔돈처럼 닳고 닳도록 매일 사용한다는 것이다. 이런 식으로 하나의 멋진 개념이 의미 없는 용어나 텅 빈 슬로건으로 변질될 수 있다. 만일 당신이 '구속사'heilshistorie라는 단어를 충분하리만큼 자주 사용한다면, 모든 사람은 마침내 그 연설이나 설교가 뛰어나다고 생각할 것이다. 일단 하나의 멋진 단어가 슬로건이 되면, 첫 번째 재앙에 두 번째 재앙이 곧바로 뒤따르는데, 즉 위조 화폐에 대한 경계심을 잃게 된다.

따라서 이 시점에서 매우 선명하게 밝히고 싶다. **'구속사'라는 단어는 그 자체로 개혁주의를 포함하지 않는다**het woord 'heilsgeschiedenis' heeft op zich niets gereformeerds in zich. 이 단어는 개혁 신앙을 준수하는 사람들에 의해 독점적으로 사용된 것이 아니다. 또한 개혁주의자들이 이 단어를 소개한 것도 아니다. 이 단어는 그 자체로 매우 약점이 많았고, 합리주의적 혹은 실존주의적 성격의 사고 체계 속에서 모든 종류의 이단과 쉽게 연관될 수 있었고, 또한 온갖 형태의 경험신학ervaringstheologie에도 쉽게 삽입되었다.

방금 전에 이 단어는 물론 우리 눈앞에 멋지게 빛났지만, 그 광채는 우리가 성경이 구원의 역사, 계시의 역사, 그리고 언약의 역사에 대해 어떻게 말하는지 생각해 볼 때 곧 빛을 잃고 만다. 우리는 동일한 개념인 '구속사'heilsgeschiedenis 혹은 '구속사'heilshistorie를 사용함으로써 심각한 문제가 발생할 수 있다는 것을 충분히 인식할 필요가 있다. 역사는 이것에 대해 우리에게 충분히 설명해 준다. 많은 예들이 여기 있다.

(1) 레이든 신학자인 요하네스 콕세이우스Johannes Coccejus, 1603-

1669가 성경에 대한 합리적 취급과 교리를 제시하는 스콜라적 방법에 (정당하게) 반대했을 때, 그는 성경이 말하는 것, 특히 '언약'과 '하나님의 나라'에 대해 말하는 것으로 되돌아갔다. 이런 맥락에서 콕세이우스는 성경 이야기의 역사적 성격에 매우 민감하였다. 따라서 우리는 그가 하나의 '구속사적'heilshistorische 열심을 지녔다고 말할 수 있다.

하지만 그는 성경을 해석함에 있어서 온갖 탈선이 발생하는 그런 체계화에 이르렀다.

그는 일종의 구원 시간표를 채택하였는데, 그것은 예를 들어, 이미 구약 시대에 실제적인 죄 용서가 있었다는 것을 불가능하게 만드는 것이었다. 게다가 그 시간표는 마침내 현대 미국 세대주의의 견해와 비교할 만한 천년왕국 역사 개념에 이르렀다. 이러한 방식으로 콕세이우스는 영원하신 하나님의 구원이 역사화되는 방법으로 구속사적 사고에 대한 하나의 웅변적 실례를 제공한다.

(2) 지난 세기에 사람들은 낭만주의Romantiek와 당대 철학의 영향 아래 위대한 열정으로 역사를 탐구하고 역사에 대한 개념을 발전시켰다. 그것은 무엇보다도 역사가 특정한 자율성을 따라 자신의 절정을 향해 발전하는 하나의 유기적 과정이라는 견해에 이르렀다. 이 과정은 전체적으로 서로 잘 맞물린 유기체와 같고, 목표를 향해 서서히 움직인다.

구속사에 적용해 보면, 이와 같은 사고방식은 그의 백성과 함께 하는 하나님의 역사는 결국에는 성경과 낯설 뿐만 아니라 그의 백성과 함께 하는 하나님의 교제가 보여주는 역사의 흥망성쇠에 대한 여지를 제공하지 않는 유기적 진전 개념에 부속되는 결과를 낳는다. 여기서 위험한 사

실은 역사 자체가 특정한 계시 성격을 수용한다는 것이다.[7]

(3) 같은 19세기에 하나의 견해가 유래하는데, 이것은 오늘날 새로운 관심사가 되었다. 역사는 하나님께서 활동하시고 특정한 '변증법적'dialektische 방식으로 자신을 복종시키는 삼위일체적 역동성을 지닌다는 것이다. 먼저 사람들은 하나님을 역사 속에 집어넣고 하나님의 역사가 그 속에 잠기도록 한다. 이러한 이단은 삼위일체에 대한 매우 오래된 특정 견해와 연관되는데, 이것은 소위 '존재론적'ontologische 삼위일체와 '경륜적'oeconomische 삼위일체 사이의 구별이 사라진 사벨리우스주의Sabellianisme의 한 형태이다. 우리는 사람들이 '수난당하신' 하나님과 '십자가에 못 박히신' 하나님에 대하여 설명하는 것을 듣게 된다. 혹은 하나님의 아들이 된wordt 예수에 대하여 듣게 된다.[8]

그 다음에 이러한 생각의 흐름에 헤겔적hegeliaanse 변환이 주어진다면, 우리는 당연히 하나님(의 역사) 안에서 인류 전체 역사의 '제거'opheffing에 직면한다. 그분의 역사는 우리 역사의 추진력이다.[9]

---

7. 참조. K. Frör, *Biblische Hermeneutik*, München 1964, 26ff. 흥미로운 책은 E. Bindemann, *Die Bedeutung des Alten Testaments für die christliche Predigt*, Gütersloh 1886. 참조. W. Rupprecht, *Die Predigt über alttestamentlicher Texte in den lutherischen Kirchen Deutschlands*, Stuttgart 1962, 140ff., 163ff.
8. 우리는 몰트만(J. Moltmann)과 엘 사바도르(El Salvador)의 소브리노(J. Sobrino)의 설명을 생각하고 있다. 참조. Th. Witvliet, *Een plaats onder de zon: Bevrijdingstheologie in de derde wereld*, Baarn 1984, 163.
9. 비트플리트(Th. Witvliet)가 묘사하는 몰트만의 신학을 참조하라. Witvliet, *Een plaats onder de zon: Bevrijdingstheologie in de derde wereld*, 163. W. Kern, *Philosophische Pneumatologie. Zur theologischen Aktualität Hegels*, in W. Kasper (ed.), *Gegenwart des Geistes*, Aspekt der Pneumatologie, Freiburg 1979, 54-90.

(4) 사람들이 역사를 하나님 안으로 투사하는 것 또한 발생할 수 있다. 그런 경우, 사람들은 '성장하는'groeiende 하나님에 대해 말한다. 하나님께서 사람 없이는 자신의 발전을 이룰 수 없다. 그분이 자신의 권리를 얻고자 한다면, 하나님께서는 대화의 파트너로서 사람을 필요로 한다. 사람들은 이 역사를 '구속사' 혹은 삼중의 방식으로 시행되는 '언약사건'verbondsgebeuren으로 일컬을 수 있다.

- 미완성으로 비치는 창조에서의 하나님의 첫 번째 노력,
- 인간으로 오신 예수 안에서의 하나님의 최종 노력,
- 예수의 실제적 현존(='성령')을 통한 예수에게로의 인간의 참여.

이것은 헨드리쿠스 벌코프Hendrikus Berkhof, 1914-1995의 신학 개요를 따른 것이다.

(5) 사람들은 '구속사'라는 단어를 또한 구원과 계시의 역사적 특성을 상대화의 원리로 사용하는 방식으로도 사용할 수 있다. 예를 들어, 이것은 계시를 하나의 '시간에 매인' 현상으로 설명한다는 것을 의미할 수 있다. 왜냐하면 성경은 역사적이기 때문에, 성경은 진리의 권위로 우리에게 말할 수 없다.

성경 기자들이 당시에 하나님에 대한 자신들의 경험을 자신들의 이야기들 속에 기록했던 것처럼, 오늘날 우리는 진리에 대해 현대적으로 표현해야 한다. 그렇게 할 때 우리는 예를 들어, 여호수아서의 기자(그의 전쟁 이야기들을 포함)나 사도 바울(동성애 혹은 여성 직분에 대한 반대하는)의 여러 문제에 대해 더 잘 이해할 것이다. 우리 안에 구속사와 계시사의 진보가 드러난다.

(6) 사람들은 '구속사'heilshistorie라는 개념을 하나님의 기뻐하심, 그분의 영원한 선택과 유기를 말하는 것이 불가능하게 되는 방식으로 접근할 수 있다. 그래서 '선택'과 '유기'는 역사적 사건들(특히 출애굽과 바로의 패배)의 특성이 된다. 그때 성경이 그 역사적 사건들 뒤에 숨겨진 하나님의 영원한 계획에 대해 말하는 것을 듣는 사람은 '추측'(spekulatie)의 비난을 받는다. "선택은 구속사적 개념이다"라고 말하는 것은 그 경우에 하나님의 영원한 작정과 같은 선택이 없다는 것을 의미한다. 로마서 9장에 대한 많은 해석은 이미 이러한 방식으로 시행되었다.

(7) 칼 바르트Karl Barth, 1886-1968는 처음에 구속사와 계시사 같은 개념에 관심을 갖지 않았다. '계시'가 발생한 곳에 어떤 '역사'란 있을 수 없으며 그 반대도 마찬가지다. 하지만 나중에 바르트는 구속사 개념을 확실히 선호하여 사용했다. 그러나 그에게 있어서 그 개념은 반복적으로 새롭게 "구원이 발생한다"는 것을 의미했다. 바르트의 이해에 있어서 이 단어는 연속성이 아니라 사건의 실제성이 강조되었다. 만일 구원이 일어난다면, 우리는 이런 발생이 우리 인간의 역사 속에 등록될 수 있는 사건에 대한 이야기로 수용될 수 있다는 것으로 생각해서는 안 된다. 이런 식으로 생각한다면, 심지어 바르트조차 자신의 신학에 '구속사적'이라는 명칭을 쓸 수 있을 것이다!

(8) 사람들은 성경 역사의 점진voortgang을 '진리 체계'systeem van waarheden의 점진적 전개라고 여길 수 있다. 그래서 구속사는 합리주의의 통제 아래에 놓이게 되었다. 그 다음으로 이러한 '영원한 진리들'eeuwige waarheden이 '개념들'ideeën이 된다면, 우리는 심지어 플라톤

주의platonisme의 한 형태와도 관련된다.

그러한 사고 체계 안에서 새로운 경륜의 시대를 살아가는 우리는 더 이상 구약성경을 필요로 하지 않는다. 왜냐하면 우리는 우리의 신약적 진리로 구약성경을 뛰어넘어 성장했기 때문이다.

스텍J. H. Stek은 패트릭 페어번Patrick Fairbairn에 대한 논의에서 '구속사' 개념에 대한 플라톤적 사용의 흥미로운 한 실례를 제공하였다.[10]

(9) 마지막으로 우리는 해방신학bevrijdingstheologie에서 '구속사'라는 단어의 연계annexatie에 주목하고자 한다.

이런 구성에서 우리는 이 용어가 빈번하게 사용되는 것을 발견한다. 그들은 이 용어를 사용함으로써 역사 자체가 구원과 해방을 지향한다는 것을 제시하고자 한다. 하나님의 나라는 우리의 역사 속에 형체를 이루고 역사 위에 정처 없이 떠돌지 않는다. 모든 역사는 우리가 '메시아'de messias라고 부르는 경이로운 존재의 (종종 숨겨진) 권위 아래 놓여 있다. 이 경이로운 존재 안에서 가난한 자에 대한 해방의 메시아적 실재가 역사 속에 나타난다.

결국 성육신inkarnatie의 사실은 하나님의 실재가 우리의 역사 속에 명백히 나타나기를 원하고 장차 나타날 것을 보여준다.

우리 인간의 소명은 이러한 현현manifestatie을 방해하는 것이 아니라 오

---

10. 페어번(P. Fairbairn)은 1863년에 자신의 책, *The Typology of Scripture* [재인쇄 Grand Rapids 1967]의 3쇄를 출간하였다. 스텍(Stek)은 *Calvin Theological Journal* 5 (1970), 133이하에서 여기에 대해 *Biblical Typology - Yesterday and Today*라는 글을 썼다.

히려 장려하는 것이다. 사람들은 어떻게든 역사를 만든다. 인간의 역사에서 모든 해방의 순간은 아무리 불완전하고 단편적이다 하더라도 구속사적 의미를 지닌다. 통용되는 구속사적 사고에 대한 반대는 그런 사고 가운데 성경 이야기가 지나치게 많이 기준으로 작용한다는 사실이다. 우리의 실제적인 소명은 구속사를 경험 속에, 흑인과 노예의 현실적 경험 속에 통합하는 것이다. 그러한 경험은 예수의 해방하는 실천과 해방하지 못하는 그 반대를 증명한다!

구속사에 대한 개념 속에서 동시에 '모범주의'exemplarisme도 예상치 못한 기회를 얻는다는 사실은 사람들이 성경의 출애굽 이야기를 사용하는 방식에서 지속적으로 나타난다. 이 이야기 가운데 사람들은 가난한 자가 하나님의 택한 백성인 것과 하나님께서 억압받는 소수를 편애하여 편파적으로 개입하시는 것이 기록되어 있는 것을 본다. 모든 가난한 자는 사실상 예수의 화신으로, 예수는 사람으로서 가난한 자들과 동일시하고 노예와 같은 신분으로 낮추시며 이러한 방식으로 모든 버림받은 자와 연대하고 자신의 고난 가운데 이러한 연대를 끝까지 증명한다. 모든 가난한 자 가운데 예수를 보는 것은 신앙적 경험의 일이다.

이스라엘과 예수에 대한 이야기는 하나님이 구원하는 방식에 대한 상징이며 우리가 -예수를 좇아- 사건의 과정에 개입해야 하는 방법에 대한 상징이다. 우리가 유대인의 해방 이야기를 흑인의 경험 속에 끌어들일 때 구속사는 실행되기 시작한다. 결국 우리는 우리의 경험을 이 이야기 속에 집어넣고 우리의 상황은 성경의 옛 본문이 이야기할 기회를 제공한다. 이런 식으로 바로 우리의 이야기는 하나님 나라의 움직임 속에 우리 자신을 연관시킨다. '이야기'story는 '역사'history를 만든다. 이제 우리는 '상황'kontekstuele 신학, 또는 내러티브narratieve 신학의 토대 위에 서 있다.[11]

이러한 실례를 통해 우리는 '구속사'라는 용어woord를 사용함으로써 그 어떤 유익도 얻지 못한다는 것을 충분히 예시했다고 생각한다. 그러한 용어 사용은 심지어 매우 위험하기조차 한데, 왜냐하면 사람들이 이 용어를 사용함으로써 어느 방향으로든 갈 수 있기 때문이다.[12] 성경 읽기와 설교를 위해 '구속사' 혹은 '구원사'라는 단어를 사용하고자 한다면, 모든 것은 사람이 말하는 토대grondslag

---

11. 참조. Th. Witvliet, *Een plaats onder de zon: Bevrijdingstheologie in de derde wereld*, Baarn 1984. Id., *De weg van de zwarte Messias*. De hermeneutische uitdaging van zwarte theologie als een theologie van bevrijding, Baarn 1984. G. Gutiérrez, *Theologie van de bevrijding* [Salamanca 1972], Baarn 1982³. H. J. Schilder, *Modern exemplarisme*, in Ref., 50 (1974-1975), 41, 81. Id., *Praesidium Libertatis*, in Ref., 51 (1975-1976), 121. 내러티브 신학에 대한 참고문헌은 Th. Witvliet, *De weg van de zwarte Messias*. 108 (각주 208). H. Schröer, in *TRE* 10, 227이하. R. Bohren, in *Oikonomia* (1장 각주 3), 345-359. Id., *Predigtlehre*, München 1980⁴. 170이하. E. Rau, *Predigt und Erzählung*, in *WPKG* 68 (1979), 21-37. 이 소논문에서 저자는 다음 저술을 논의한다. W. Brückner (ed.), *Volkserzählung und Reformation*. Ein Handbuch zur Tradiering und Funktion von Erzähl-stoffen und Erzählliteratur im Protestantismus, Berlin 1974. E. Rau는 또한 다음을 저술하였다. *Leben - Erfahrung - Erzählen*, in *WPKG* 64 (1975), 342-355.
12. 여기에 대해 광범위한 정보를 얻고자 희망하는 사람은 다음을 참조하라. H. Berkhof, *De heilshistorische theologie*, in G. C. Berkouwer & A. S. van der Woude (red.), *Revolte in de theologie*, Nijkerk 1968, 90-103. 훌륭한 참고문헌을 지닌 신선한 개요. 참조. H. Berkhof, *Christelijk geloof*, 1985⁵, 65이하. A. F. N. Lekkerkerker, *Nieuwe theologie*, Schets van de theologische situatie, 's-Gravenhage 1968, 209-236. W. Pannenberg, in *TRE* 12 660이하.

와 **맥락**_kader_에 달려있다. 따라서 이 부분은 우리의 논의의 맥락에서 생략될 수 없었다.

2.3. 구속사와 모형론(typologie)

이 책은 성경의 역사적 재료에 대한 우리의 '구속사적' 혹은 '모범론적' 읽기와 설교에 대하여 하나의 척도를 제공하고자 한다. 우리는 1940년대의 유명한 논쟁으로 돌아가 보려 한다. 하지만 우리가 말하고 사용하는 용어가 쓰이는 틀을 어느 정도 알기 위해서는 하나의 긴 서론이 필요하다.

우리는 지금까지 '구속사'라는 개념이 작동하는 영역 외에 다른 것을 많이 살펴보지 못했다. 금세기의 개혁파 신학과 설교의 구속사적 방법을 최종적으로 definitief 묘사하기 전에 우리는 다른 진입로 ingangsroute를 탐구할 필요가 있다. 우리가 급한 마음에 그것을 하지 않는다면, 나중에 우리의 설명은 우리가 해설하지 못한 개념을 사용함으로써 불명확해질 것이다.

이 부분에서 우리는 '**모형론**' _typologie_ 개념을 논의할 것이다. 우리는 온갖 구약 이야기가 신약 교회에 대한 '예표적' typische 의미를 지닌다든지 혹은 그 이야기 가운데 몇몇 인물이 '예표' typen이며, 특히 그리스도의 예표라는 진술을 매우 자주 들을 수 있다. 자연스럽게 제기되는 질문은 이것이다. 이러한 모형론은 무엇인가? 그리고 모형론이 왜 구속사적 성경 읽기를 위해 중요한가? 이 부분은 이러한 질문에 해답을 제공하려고 한다.

금세기 초 구약성경 연구는 많은 대학에서 일종의 문학이 되어버렸다. 이것은 지난 세기의 성경비평학이 낳은 결과 중 하나였다. 구약성경은 중동 종교 중 하나의 문서로 여겨지거나 취급되었다. 이 학문은 구약과 신약 사이의 연계성에 전혀 관심이 없었다. 이 학문의 의도는 교회의 설교라든지 혹은 교회 회원의 성경 읽기를 지향하지 않았다. 그 당시에 수많은 주석이 출판되었다. 그 주석들은 비판적인 동시에 무미건조했다. 약 1930년 이후로 구약성경의 계시적 성격에 대한 관심이 되살아났다. 여기서 우리는 이러한 관심이 되살아난 배경에 대해 논하지 않을 것이다. 그러한 부흥은 무엇보다도 독일에서 등장한 '반유대주의'antisemitisme에 대한 하나의 반작용에서 찾을 수 있고, 게다가 날로 커지는 바르트K. Barth의 영향에서 비롯된 결과였다.[13]

이유야 어찌되었든 사람들은 다시금 구약과 신약 사이의 연계성에 대해 숙고하기 시작했으며, 구약성경이 예수 그리스도에 관한 어떤 '증거'getuigenis를 포함하는지 스스로 질문하기 시작했다. 그래서 계시와 역사 사이의 관계에 관한 다양한 질문이 발생하였다.[14]

---

13. 참조. W. Rupprecht, *Die Predigt über alttestamentlicher Texte in den lutherischen Kirchen Deutschlands*, 202이하.
14. G. C. Berkower, *De persoon van Christus*, Kampen 1952, 87-123은 이런 주제에

이러한 새로운 발전은 이미 그 시작하던 때부터 네덜란드 개혁파의 주목을 받았다. 특히 홀베르다B. Holwerda와 판 엇 피어M. B. van 't Veer는 매우 큰 관심을 지녔던 것으로 보여지고, 평범한 관심 이상으로 1930년대의 다양한 출판물을 읽었다.[15] 전혀 놀랄 것도 없다! 네덜란드의 개혁파는 이미 오래 전에 성경이 마치 전통적 교의학dogmatiek을 위한 일종의 증거본문을 수집한 책으로 사용될 수 있는 것처럼 합리주의적 방식으로 취급되어서는 안 된다는 것을 인정했었다. 19세기 말경 헤르만 바빙크Herman Bavinck, 1854-1921와 아브라함 카이퍼Abraham Kuyper, 1837-1920는 당시에 신설된 과목인 '계시의 역사'geschiedenis van de openbaring를 환영하였고 추천하였다. 그들은 이 분야에 깊은 관심을 가졌다. 결국 이러한 '계시사'opnbaringsgeschiedenis는 다양한 방면에서 중요한 무기가 될 수 있었기 때문이다.

- 성경에 언급된 사실의 역사성에 대한 성경비평적 부정,
- 전통적 교의학dogmatiek을 섬기기 위한 분리된 본문의 기계적-원자론적mechanical-atomistic 취급,
- 성경이 종교적 인격에 대한 문서가 되고 단지 그런 경우에 한

대해 훌륭한 기본 정보를 제공한다.
15. 참조. B. Holwerda, in *Gereformeerd Mannenblad* 18 (1940), no. 3 (*Hoe lezen we de heilige geschiedenis* 소논문 시리즈). 그는 올바른 구약성경 읽기에 관한 질문이 우리의 교회 안팎으로 큰 주목을 받는다는 것을 지적한 후에, 말하기를, "또한 우리의 교회 밖에서(*Buiten*)! 구약성경에 대한 이 싸움이 독일에서 얼마나 치열했으며 또한 지금도 그러한지 여러분은 알고 있습니다.…"

해서만 권위 있는 말씀으로 수용되는 윤리적 성경관을 바로잡는 데 도움이 될 수 있다.

요약하자면, 개혁파는 무엇보다도 '계시의 역사'에 대한 연구가 자유주의liberalisme에 대한 근본주의적fundamentalistische 반대로부터 자신들을 보호할 수 있다고 바르게 인식하였다.16 이런 맥락에서 우리는 또한 바빙크Bavinck와 카이퍼Kuyper의 이름과 나란히 J. 판 안델J. van Andel, G. 두커스G. Doekes, 식켈J. C. Sikkel, 그리고 훅스트라T. Hoekstra 같은 개혁파 성경해석가와 설교학자를 감사함으로 회상할 수 있다.17 그래서 당시 네덜란드의 개혁파 신학 밖의 다양한 신학자들도 신약성경의 그리스도에 관한 설교와 오늘날 교회의 설교에서 구약성경의 적실성relevantie에 대하여 질문을 던지기 시작하였을 때, 그것에 대한 개혁파 진영의 관심은 매우 이해할만 하며 전적으로 올바른 것이었다.

1930년대 이후로 이 주제에 관해 논의된 많은 기여로부터 우리는 다음의 요점을 전면에 부각하고자 한다.

(1) 본문을 정직하게 살펴본 것에 근거하여 사람들은 구약의 이

---

16. 이 논점에 대해서는 나의 글을 참조하라. C. Trimp, *Betwist schriftgezag. Een bundel opstellen over de autoriteit van de bijbel*, Groningen 1970, 49이하, 53.
17. 흐로샤이더(F. W. Grosheide)는 1899년 이후의 식켈(J. C. Sikkel)의 중요성을 개관하였는데, 특히 그 시기의 자유대학교(Vrije Universiteit) 학생들에 대한 중요성을 개관하였다. 식켈(Sikkel)은 그 당시의 교리적(dogmatische) 그리고 도덕주의적(moralistische) 설교에 대한 하나의 대안을 제시하였다 (*Heilshistorische exegese*, in GTT 46 [1946], 69).

야기 속에 '**앞으로 움직이는 추진력**'voorwaartse drang이 발견된다고 (처음으로 혹은 새롭게) 생각하였다. 하나님께서는 약속들을 통하여 자기 백성의 신뢰를 이끌어 내고자 활동하셨다. 약속은 성취를 요구하고 그 백성으로 하여금 미래에 대하여 많은 것을 기대하게 만들었다. 이러한 성격을 지닌 하나님의 통치로 말미암아 이스라엘 백성은 '**역사적으로**'historisch 생각하는 법을 배울 수 있었다. 과거는 자신들의 하나님에 대해 이야기했고 미래는 그분에 대해 이야기할 것이다.

(2) 하나님의 약속에 대한 성취는 특정한 '**차원들**'dimensies을 보여주는데, 우리는 다양한 '**층들**'verdiepingen이라고 부를 수도 있을 것이다.

당신이 꼭대기에 다다랐다고 생각할 때, 그럼에도 불구하고 당신은 여전히 거기에 도달하지 못하였다.

이스라엘은 시간을 통과하는 여정에서 변화하는 지평선 안에 살았으며, 긴장이 가득한 마음으로 미래를 기대하며 지속적으로 그 여정에 임하였다. 각각의 성취는 다시금 또 다른 새로운 기대를 위한 기초가 되는 듯 했다.

결국 하나님의 약속의 핵심은 언약이었다. "나는 너의 하나님이 되고 너는 나의 백성이 될 것이다. 그래서 내가 너를 세상의 축복으로 세울 것이다." 이 약속은 이스라엘의 가나안 입성과 더불어 완전히 성취되거나 혹은 끝난 것이 아니었다. 마치 금전 출납부에 지불되지 않은 금액이 '남아 있는 것'open staan처럼, 그 때에 여전히 하나의 성취가 "남아 있었다."

왜냐하면 히브리서 4:9은 이러한 '남아 있는 것'에 대하여 이러한 방식으로 말하기 때문이다(NBG 번역은 '머무른다'[blijven]고 말하고, GNB 번역과 KBS 번역은 '기다리고 있다'[te wachten staan]라고 말한다).[18] '안식'rust에 대한 약속을 살펴볼 때, 우리는 다양한 단계를 보게 된다. 일곱 번째 날, 가나안 입성, 시편 95편의 다윗의 말, 신약 교회. 그것은 항상 훗날 다가올 날에 대해 이야기한다. 우리는 '씨'zaad나 '땅'land에 대한 약속에 관하여 동일하게 말할 수 있을 것이다.

하나님은 역사 속에서 그리고 역사를 통해 말씀하신다. 하지만 이것의 결과는 결코 하나님의 백성이 단 하나의 특정 시간에 단단히 매였다거나 혹은 단 하나의 특정한 사실에 멈추게 되었다는 것을 의미하지 않는다. 하나님의 백성은 지속적으로 더 멀리 이끌림을 받고, 계속해서 미래를 향해 가는 중에 있다. 지금도 교회는 여전히 그런 상황에 처해 있다. 교회는 그리스도 안에서 많은 것이 성취된 것을 보았으나, 여전히 미래의 완성을 향한 강한 충동을 가지고 있다.

---

18. 역자주, NBG는 네덜란드 성서공회(Nederlands Bijbelgenootschap)의 약어로서, 1814년 6월 29일에 암스테르담에 설립되었고, KBS는 가톨릭 성서공회(Katholieke Bijbelstichting)의 약어로서 1961년에 설립되었다. '큰 뉴스 성경'(GNB, Groot Nieuws Bijbel)은 특히 불신자를 겨냥한 친숙한 일상 언어로 번역된 성경으로 네덜란드 성서공회와 가톨릭 성서공회가 공동 작업하여 1983년에 출판한 성경이다. 네덜란드 성서공회와 가톨릭 성서공회가 다시금 협력하여 2004년에 공동으로 출판한 '새 번역 성경'(NBV, De Nieuwe Bijbelvertaling)은 공교회적 번역 성경으로서 '네덜란드 흠정역 성경'(Statenvertaling, 1637년)과 NBG 성경(1951년)과 더불어 네덜란드 개신교회(De Protestantse Kerk in Nederland)의 공식적 번역 성경 가운데 하나다.

이런 맥락에서 카이퍼A. Kuyper는 이미 구약 역사의 '디오라마적 통일성과 깊이'*dioramatische eenheid en dipte*에 대해 언급하였다.[19] 당신이 그것을 잘 바라볼 때, 당신은 계속해서 바라볼 것이다. 왜냐하면 당신은 저절로 항상 더 멀리 바라보기 때문이다.

(3) **모형론***typologie*의 문제에 대한 새로운 관심이 발생한 것은 바로 이 동일한 맥락에서였다. '모형론'은 성경 이야기를 취급하는 특정한 방식에 대한 간단한 지칭이다. 이 모형론이 추구하는 방법은 건널 수 없는 간격에 의한 알레고리allgorie와는 구별된다. 이 간격은 시간과 역사를 심각하게 고려하는 것과 연관된다.

'알레고리'는 그 성격상 역사에 전혀 관심을 두지 않는다. 그것은 앞에서 살펴본 것처럼 '수직적'vertikaal 사고에 기초한다(1.3. 참조). '위'boven는 '참된 실재'의 자리이고, '여기 아래'hier beneden는 그렇지 않다. '여기 아래'라는 것은 기껏해야 참된 실재를 흐릿하게 지시하는 것에 불과하다. 따라서 여기 이 땅에서 참된 결정을 내리거나 최종적definitieve 진리가 드러나는 것은 불가능하다.

그와 반대로 '모형론'은 역사를 전적으로 진지하게 취급하는 데 기초한다. 모형론적 사고는 구체적으로 지상에서 발생하는 역사의 '수평적'horizontale 선을 따라 움직인다. 그것은 구체적인 인간의 삶과 사회 속에서 행하시는 하나님의 사역에 주목한다.

---

19. A. Kuyper, *Encyclopaedia der heilige godgeleerdheid*, Amsterdam 1894, III, 104–105. 역자주. diorama는 헬라어 단어인 δια(통하여)와 όραμα(보이는 것)의 합성어이다.

모형론의 특징은 그런 맥락에서 과거와 이후 시대에서 발견되는 제도, 인물, 혹은 사건 사이의 유비들analogieën과 구조적 일치들 struktuurovereenkomsten에 주의하는 것이다.

예를 들어, 유명한 구약학자인 폰 라트G. von Rad는 역사의 시작과 마지막에 대한 묘사라는 점에서 이미 구약성경 안에서 유비가 발견된다고 지적하였다. 이사야 11장은 미래의 모습에 대한 환상에서 낙원이 어떻게 도래할 것인지 묘사하였다. 아모스 9:11(그리고 다른 많은 예언적 말씀)은 미래에 다윗 왕이 다시 일어날 것을 보았다. 포로생활에서의 귀환은 애굽과 가나안 사이에 있는 이스라엘의 여정에서 차용된 말과 이미지로 묘사되었다(호 2; 사 52:11-12). 새롭게 갱신된 예루살렘은 옛 예루살렘의 흔적을 보여주고(사 1:21-26), 출애굽은 바벨론으로부터의 구원에 대한 모델이다(예를 들어, 렘 16:14-15; 23:7-8; 호 2:14).

아직 알려지지 않은 새로운 여호와의 구원 사역은 이런 식으로 옛날의 잘 알려진 사건의 실례를 따라 묘사되었다. 그런 경우에, 우리는 그 옛 사건을 새로운 미래 사건의 '예표'type라고 부를 수 있다. '예표'는 '모델'model, '형태'vorm에 대한 단어이기 때문이다('모양을 형성하는 형태'의 의미에서. 참조. 푸딩 형태[pudding-vorm]에 대한 우리의 언급).

과거와 그 이후 사이의 유비는 역사의 흐름이란 우리가 항상 출발점으로 다시 돌아오고 모든 것이 다시 발생하는 둥그런 원과 비교할 수 있다는 확신에 기초하지 않는다. 이런 순환적 사고는 성경과 매우 이질적인 것이다. 그것은 정반대로 온갖 종류의 이교도 사고체계의 특성이다. 모형론은 돌이킬 수 없는 시간의 진전이라는 사실에서 출발한다. 거기에는 과거의 사건과 그 이후 사건 사이에 **시간적**temporele 연관성이 있다. 이 시간적 연관성과 더불어 '이후의'latere 것은 '과거의'vroegere 것에 대한 정확한 사본을 보여주지 않을 것이라는 사실도 동시에 주어진다. 왜냐하면 유비란 결코 동일성이 아니기 때문이다. 첫 번째 사건과 두 번째 사건 사이에는 단계가 있고, 이 단계는 일반적으로 강화되는 성격을 지닌다. 옛것은 미래에서 반복되지만 동시에 능가하지 못한다. 구약성경에 대한 모형론적 해석은 이러한 숙고에 기초한다. 그러므로 'Tupos'(신약성경에서 사용되는 단어, 예를 들어 고전 10:6, '본보기들')는 우연한 평행parallel이 아니라 '미리 정해진 것'prae-figuratie을 가리킨다. 우리는 옛것 안에서 새것의 구조를 발견할 수 있다. '형태'를 잘 보는 사람은 나중에 푸딩pudding 자체가 어떤 모양이 될지 미리 추측할 수 있다.

이러한 이미지는 비록 집안에서 사용하는 평범한 것이지만, 그 의도는 명확하다. 우리가 발견한 하나님과 사람의 활동을 포함한 복잡한 사실이 '예표적'typisch일 때, 우리는 반드시 그 복잡성을 첫 번째 보는 것 이상으로 더 자세하게 들여다보아야 한다. 왜냐하면 우리는 나중에 오게 될 것을 미리 묘사한 것에 대한 어떤 것을 발견해야 하기 때문이다(하이델베르크 교리문답서, 주일 6, 문답 19에 '앞서 보여준 것'[tevoren afbeelden]에 대한 진술). 모든 사람은 이러한 규칙이 구약 이야기를 읽고 이해하는 데 매우 중요하다는 것을 이해한다.

이러한 모형론적 연계성이 구약성경 자체 안에서 미리 작용할 때

(예를 들어, 출애굽 - 바벨론으로부터의 귀환), 이러한 연결성은 또한 그리스도의 사역과 새 언약 교회의 관점에서 구약성경 전체에도 적용된다. 바로 이러한 개혁파 성경관은 그러한 출발점을 선택할 것을 요구하고 정당화한다. 성경의 통일성을 믿지 않는 자는 성경에 대한 그런 관점에 이를 수가 없다. 그 사람은 기껏해야 신약의 성경 기자들이 옛이야기를 사용했다는 것과 그 이야기를 자신들에게 적용했다고 주장할 수 있을 뿐이다. 하지만 성경책들의 통일성과 성경 저자Auteur의 통일성을 믿는 사람은 다르게 말한다. 그는 역사의 조성자Maker이며 성경의 저자인 하나님께서 옛날에 많은 일들이 발생하게 하셨고 그 다음에 새 언약의 '마지막 날'de laaste dagen에 일어날 것을 염두에 두고 그 일들을 기록하게 하셨다고 말할 수 있다. 그래서 신약 해석자는 옛 이야기에 어떤 가치를 더하는 것이 아니라 그 안에 내포된 가치를 끌어내는 것이다. 그는 그 옛 이야기에 현존하는 부요함을 '명시적으로'expliciet 드러내는 것이다. 이스라엘 백성을 인도하고, 움직이고, 형성하고, 변화시키고, 낮추기도 하고 세우기도 한 것은 하나님의 말씀이었다. 하나님의 말씀은 이스라엘의 역사를 형성하는 힘이었다. 그런 식으로 하나님께서 이스라엘 가운데 자신의 사역을 행하셨다. 그런 식으로 그는 그 백성을 미래로 인도하셨다. 그것이 구속사의 추진력이며 역동성이다.

역사를 형성하는 이러한 하나님의 말씀은 그리스도 안에서 완성되었다(요 1:14; 히 1:1-2). 그리스도 안에서 자신을 계시하신 동일하신 하나님은 또한 구약 백성의 역사 속에서도 자신의 흔적을 새겨 놓으셨다. 예수 그리스도의 아버지께서 피조 세계를 창조하셨으며 역사를 만드셨다. 신구약성경 안에 하나님의 말씀이 있다. 따라서 우리는 구약의 사실 가운데 예수 그리스도를 향해 움직이는 역사적 역동성을 발견할 수 있다. 유일하신 하나님의 한 가지 계획으로 인해 하나님 이전 사역과 이후 사역 사이에 구조적 유비가 있다. 구약성경 안에서 일시적이고 단편적인 것은 신약성경에서 완성되었다. 하나님께서는 자신의 새로운 세계를 그리스도 안에서 그리고 성령을 통하여 취소할 수 없이 그리고 최종적으로 확립하셨다. 약속이 있던 곳에 성취가 온다. 그림자는 약혼이 결혼이 되는 것처럼 그것의 실체로 대체된다.

그러므로 우리는 본문에 선행(先行)하는 시대와 연관성이나 혹은 그 이야기가 전개되는 환경과의 연관성에 대한 설명으로 구약 이야기에 대한 해설에 만족할 수 없다. 우리는 반드시 이야기 본문을 또한 '앞으로 나아오게' naar voren toe 해설해야 한다. 이런 방식으로 개혁주의 신자는 자신을 위해 구약성경 연구의 통찰력을 활용하여 유익을 얻는다.

(4) 또한 신약성경 연구 쪽에서도 1930년대에 이 문제에 대해 빛을 비추었다. 이런 맥락에서 고펠트 L. Goppelt, 1911-1973의 작품은 많은 영향력을 끼쳤다. 이 저자는 1939년에 『모형론』 *Typos*이라는 제목으로 책을 출간하였는데, 이 책은 또한 개혁파에서도 빠르게 큰 영

향력을 미치는 책이 되었다.[20]

우리는 이 시점에서 그 이후와 연관하여 고펠트Goppelt의 통찰력 가운데 어떤 것을 전달하고자 한다.

a. 고펠트Goppelt는 '**모형**' tupos이라는 단어가 도구와 결과로서 형태를 지칭한다고 지적하였다(푸딩 형태와 형성된 푸딩). 따라서 '형태'vorm의 이러한 기본 의미는 네덜란드어 단어인 주된 특징 grondtrek, 부조(浮彫), 스타일, 모델, 자국afdruk, 형상afbeelding으로 묘사될 수 있다. 이런 식으로 신약성경은 이 단어를 우리가 '본보기'voorbeeld라고 말하는 구절에서 사용할 수 있다(롬 6:17; 빌 3:17; 살전 1:7; 살후 3:9; 딤전 4:12; 디도서 2:7; 벧전 5:3).

b. 동일한 단어는 또한 하나의 사건이 나중에 발생한 사건의 앞선 예시beeld-vooraf라는 것을 진술하는 데 쓰이기도 한다. 그것을 증명하기 위하여 고펠트Goppelt는 고린도전서 10:6과 11절에서 사도의 말을 인용한다. 거기서 사도는 실제적인 상황의 관점에서 과거를 돌아본다. 그는 먹고 마시는 것과 관련된 고린도 교회의 실제적 문제를 과거 교회로부터 명확하게 밝히고자 원했다. 그것을 염두에 두고서 사도는 (광야에서의) 옛 사건을 당대의 방식으로 묘사함으로써 독자들이 옛 이야기 속에서 자신들을 발견하기에 어려움이 없도록 하였다. 결국, 그리스도는 당시에도 이미 계셨고, 사실상 세례와 성찬도 마찬가지다. 반석, 홍해를 지나는 것, 그리고 만나를 주목해 보

---

20. 역자주, L. Goppelt, *Typos: The Typological Interpretation of the Old Testament in the New*, 최종태 역, 『모형론 - 신약의 구약해석』(서울: 새순출판사, 1987).

라. 따라서 우리는 구약 사건과 현재 교회의 상황은 서로에 대해 유비|analogie의 관계에 서 있다고 말할 수 있을 것이다. 여기서 말하는 것은 눈에 보이는 외적인 환경들의 일치에 관한 것이 아니다. 그것은 하나님의 행동 속에 그리고 하나님의 눈앞에 있는 본질적 동일성에 관한 것이다.

c. 동시에 바울 사도는 당시와 지금 사이의 **차이**|verschil를 구별하는 눈을 가지고 있었다. 그는 11절에서 그 차이에 대해 이야기한다. '말세'doelstellingen van de eeuwen가 우리에게 다가왔다. 지금이 하나님께서 오래 전에 계획하셨던 것이 실현될 그 때다. 그러므로 우리의 책임은 오히려 더 커졌다는 것이다.

d. 이러한 해설로부터 과거의 사건은 우리가 성령의 세대 가운데 있는 하나님의 최종적 사역의 윤곽을 발견할 수 있는 그러한 구조를 보여준다는 것이 우리의 결론이다. 하나님은 그 세대를 추구하셨다.

이러한 결론에 우리는 우리 자신의 개인적 소견을 연계하고 싶다. 우리는 'tupos'[21]라는 단어가 그러한 용례로 사용되지 않는 신약성경의 다양한 구절에서 동일한 것을 보게 된다. 우리는 로마서 9:7-9과 갈라디아서 4:21-31에 나타난 이삭과 이스마엘의 출생 그리고 사라와 하갈의 갈등에 대한 이야기를 생각해 볼 수 있다. 마찬가지로 야곱과 에서의 출

---

21. 본보기, 예표.

생(롬 9:10-13) 그리고 모세와 바로 사이의 만남(롬 9:17-18)에 대한 묘사도 지적할 수 있다. 사도가 세 번의 선교여행 후 살았던 실제적 선교 상황은 이러한 옛 이야기로부터 결정적인 조명을 받는다.

이와 관련하여, 갈라디아서 3:8의 사도의 진술은 매우 강한 어조를 갖는다. 왜냐하면 하나님은 항상 이방인을 믿음으로 의롭다하려는 계획을 갖고 계셨기 때문에 하나님은 아브라함에게 복음을 선포하셨다. "모든 이방인이 너로 말미암아 복을 받으리라." 그것은 심지어 더 강하게 표현된다. "**성경***Schrift*이 미리 알고 **성경***Schrift*이 먼저 아브라함에게 복음을 전하였다!" 성경과 하나님을 직접적으로 동일시한다! 혹은 우리 역시 성경 속에서 하나님과 연관된다! 거기서 그분이 말씀하시고 거기서 우리가 그분을 만난다. 역사의 통일성과 성경의 통일성은 하나님의 **계획***plan* 안에 확고히 고정된다. 하나님의 그 계획은 우리가 성경의 영감과 그 저자의 통일성에 대하여 숙고하기 위한 기초다. 그래서 동시에 모형론을 취급하기 위한 실제적인 토대가 놓여졌다.

e. 마지막으로 우리는 고펠트*Goppelt*의 고찰 하나를 더 살펴보고자 한다. 그는 신약성경의 모형론적 언급은 예언적 종말론에 의해 준비되었다고 지적한다. 구약 예언에서 구원의 때는 이전의 구원을 갱신하는 동시에 능가한다. 왜냐하면 하나님은 자신의 선택을 실행하시고, 자기 자신의 심판을 능가하며, 모든 결핍을 제거하고, 그분 자신이 시작하신 역사를 절정에 이르게 하시기 때문이다(참조. 사 43:18-19; 44:6이하; 45:18-21). 따라서 그리스도가 자기 자신을 솔로몬이

나 요나보다 더 큰 이라고 부르고(마 12:41-41), "성전보다 더 큰 이가 여기 있느니라"(마 12:6)라고 말씀하셨을 때, 그는 전적으로 선지자들의 선상에서 말하였다.

(5) 성경학bijbelwetenschap 진영의 이 모든 기여는 모형론의 명예를 회복하는 데 도움이 되었다. 과거에 모형론은 스스로 악평의 나락으로 떨어졌는데, 왜냐하면 모형론의 이름으로 성경의 정보들을 공격적이고 비평적 방식으로 취급하였기 때문이다.

그것은 예를 들어 이러한 방식으로 진행되었다. 떠오른 쇠도끼(왕하 6:6)는 십자가의 형태를 보여준다. 모세의 들어 올린 손(출 17:11이하)은 우리에게 십자가에서 달린 그리스도의 펼쳐진 팔을 가리킨다. 아론이 호르산을 오를 때(민 20:22이하), 그것은 그리스도가 골고다에서 죽게 될 그리스도에 대한 예표voorafschaduwing다. 다윗이 기드론을 건너 예루살렘으로부터 도주한 것(삼하 15:23)은 겟세마네 동산을 향한 그리스도를 가리킨다. 여리고에서 라합의 붉은 줄(수 2:18)은 그리스도의 구원하는 피에 대한 상징이다.

그러나 이제 예표type는 전기적 상세함이나 외적, 우연한 일치가 아니라 하나님의 손과 사람들이 각기 하나의 역할을 시행하는 전체적 복잡성 가운데서 추구되어야 한다는 것이 선명하게 되었다.[22] 이렇게 함으로써 우리는 삼위일체 하나님께서 이러한 옛 이야기 속에서 행동하는 주체이심을 심각하게 다루어야 한다. 그는 예수 그리스도의 아버지로서 구약의 사건 속에서 행하시는 분이다. 구약성경의 모든 사실은 그런 활동의 맥락 속에 포함되어 있다. 성경이 이런 사실을 우리에게 묘사하는 방식으로 그런 사실에 관한 이야기를 우리에게 들려주시는 분은 성령이시다.

따라서 이 모든 이야기는 예수 그리스도와 신약 교회와 명료하게 연관된다. 과거의 사실은, 홀베르다B. Holwerda, 1909-1952가 말했던 것처럼, 우리가 '전형적인 야훼'typisch Jahwe라고 부를 수 있는 하나님의 행동 방식을 우리에게 보여준다. 그 하나님은 결코 자신을 부인하지 않는다. 하나님이 그의 아들과 그의 성령으로 자신의 간섭을 강화할 때, 그는 반복하지 않지만, 마지막 날에 자신의 과거 사역을 능가할 것이다. 그리고 이 모든 것 가운데 그는 그의 끊임없는 신실함으로 그의 백성들을 계속 찾으실 것이다.

'구속사적 설교'는 하나님의 이 넓은 행동의 맥락에 대한 존경에 근거한다. 구속사적으로 설교하는 자는 본문의 해석이 스스로 교회를 그리스도와 성령에게로 인도하는 방식으로 설교하는데, 그리스도와 성령은 옛 경륜 속에서 시작된 하나님의 사역을 확립하고 완성한다.

---

22. 여기서 특히 베이커(D. L. Baker)의 중요한 소논문을 참조하라. D. L. Baker, *Typology and the Christian Use of the Old Testament*, in *ScJTh* 29 (1976), 137-157.

3. 개혁파 교회의 '구속사적' 설교를 위한 변호

Heilsgeschiedenis en Prediking

3. 개혁파 교회의 '구속사적' 설교를 위한 변호

앞선 장들에서 우리는 이미 20세기 개혁파 교회 내부의 사상 발전을 간접적으로 살펴보았다. 이번 장에서는 그것을 보다 직접적으로 검토해 보고자 한다.

계시의 역사를 숙고함에 있어서 결정적 동기는 아브라함 카이퍼와 헤르만 바빙크에 의해 제공되었다.

리델보스N. H. Ridderbos의 견해에 따르면, 1900년경 네덜란드 개혁파 신학은 점점 더 발전하는 **계시의 진전***voortschrijden van de openbaring*에 비중을 크게 두었다. 이런 맥락에서 그는 현대 철학(유기체 관념, 진화론)이 이러한 사상을 형성하는 데 특정한 방식으로 영향을 미치지는 않았는가 하는 의문을 품었다. "사람들은 그 유기체(성경)의 각 부분이 어떤 역할을 하는지 잘 알고 있었다." 리델보스에 따르면[23], 당시에 구약성경은 직선적으로 발전하여 신약성경으로 흘러 들어간다고 주장하는 신학적 개념이 있었다.

---

23. N. H. Ridderbos, *Typologie*, in *VTh* 31 (1960-1961), 157f.

1940년경 카이퍼와 바빙크의 이러한 유산이 홀베르다B. Holwerda 나 판 엇 피어M. B. van 't Veer 같은 사람에 의해 어떻게 수용되고 발전되었는지 이해하려면 우리는 먼저 위대하고 훌륭한 사상가, 젊은 나이의 클라스 스킬더Klass Schilder, 1890-1952를 살펴보아야 한다. 이들 전승자와 계승자 가운데서도 탁월했던 그는 1914년부터 1933년까지 네덜란드 개혁파 교회 목사로서 활동적으로 사역했으며, 그 후 캄펜신학교 교수로서 1952년까지 개혁교의학을 가르쳤다.

3.1. 스킬더(K. Schilder, 1890-1952)

앞서 지적했듯이 스킬더는 분명히 젊고 신선한 개혁주의 전통에 속해 있었다. 그는 목사와 신학자로서의 길을 걷기 시작한 초기부터 맹목적인 모방자가 아니라 독립적인 계승자로서 새로운 개혁주의 전통을 세우고자 하였다. 그는 이러한 개혁주의 전통을 전적으로 독특하면서도 현대적인 방식으로 취급하였다. 이런 점에서 스킬더 자신은 다음 세대에 개혁주의를 물려주는 중요한 전승자가 될 수 있었다.

사역의 처음부터 끝까지 이 땅에서 활발하게 일하시는 **하나님 사역의 역사**geschiedenis van het werk van God라는 주제가 그를 한없이 사로잡았다. 이러한 주제는 다양한 맥락에서 그에게 핵심적인 것으로서 그의 다양한 저술에서 분명하고도 명백하게 드러난다. 그는 구원의 역사적 성격을 보는 눈이 있었다. 그는 성(聖) 금요일과 부활절의 '단회성'을 강조하였고, 모든 시대를 통하여 일하시는 하나님의 사역의 진행을 조명하고자 하였다.

그의 설교 사역은 의심할 여지없이 그의 사고denken의 동력이었다. 그를 움직이게 만든 것은 해석학적 질문에 대한 학문적 관심이 아니었다. 그는 그리스도를 선포하려는 소명이라는 동기를 가졌다. 그는 그리스도의 오심과 고난과 영광을 선포하길 갈망했다.

동시에 그의 저술 활동 시작부터 분명하게 드러난 사실은 그가 **당대에**in zijn eigen tijd 자신의 사상을 발전시키려 한 것이다. 그래서 그는 자신이 개혁파 교회의 안팎에서 직면한 수많은 사고 형태에 반대하였다.

긴 이야기를 짧게 줄이기 위하여 11가지 요점에 집중하고자 한다.

(1) 우리는 스킬더가 1920년부터 오순절 운동의 떠들썩한 메시지에 반대한 것을 볼 수 있다. 그는 역사 속에 있는 하나님의 사역의 진행이라는 개념에서 이 영향력 있는 국제적 분파의 주장에 반기를 들고 싸웠다. **오순절로 돌아가지 말라!**Niet terug naar Pinksteren.

Kerkblad classis Gorkum, 1920년 6월 12일(OWK, II, 41).

(2) 이와 비슷한 관점에서, 스킬더는 온갖 형태의 **개인주의**

*individualisme*와 **내면화***verinnerlijking*에 맞서 싸웠다. 이러한 온갖 다양한 모습들 가운데 단 한 가지 주된 사상이 눈에 띈다. 결국 중요한 것은 과거 성탄절이나 부활절, 혹은 오순절에 우리 존재 밖에서 행하신 하나님의 사역이 아니다. 오히려 그리스도가 우리의 마음과 삶 가운데 태어나는 것이 중요하다. 그러므로 이러한 경향은 하나님께서 이루신 구속사에 대한 찬양은 경시하고 그 대신 개인의 경험을 중시한다.

스킬더는 커다란 열정으로 이러한 사상에 맞서 싸웠다. 그는 이러한 주관주의를 다비파Darbisten, 스홀팅하위스W. Schortinghuis의 계승자들(네덜란드 제2차 종교개혁[Nadere Reformatie],[24] 개혁파 회중교회[Gereformeerde Gemeenten], 개혁파 교회[Gereformeerde Kerken]), 그리고 윤리학파Ethischen에게서 발견했다.

1920년경, 개혁파 교회 안에 윤리적 주관주의가 확연하게 증가했음을 볼 수 있다. 메마른 정통주의에 대한 반작용으로서의 그러한 주관주의에 수반된 요소에 스킬더 자신이 얼마나 민감했든지 간에 그는 종교적 주관주의를 반대해야 한다는 사명감을 느꼈다. 그의 주변 사람들은 '그리스도를 경험하기'Christuservaring, 성경에 대한

---

24. 역자주. 네덜란드 제2차 종교개혁(Nadere Reformatie)은 17-18세기 네덜란드 개혁교회에서 발생한 운동으로서 영국 청교도의 영향을 받아 성경 말씀을 삶의 모든 영역에서 실천하는 데 강조점을 둔다. 루터와 칼빈의 종교개혁이 교리적 개혁이라면, 네덜란드 제2차 종교개혁은 실천적 삶의 개혁이라고 할 수 있다. 대표적인 인물로는 Willem Teellinck, Gisbertus Voetius, Wilhelmus à Brakel, Jodocus van Lodenstein 등이 있다.

심리학적 해석, 기독교적 인격에 대한 보다 많은 관심, '윤리적 개혁파'ethisch-gereformeerde의 삶의 태도를 지향하는 진보주의 등을 주창하였다. 그에 반하여 스킬더는 교회를 위하여 그리스도 안에서 성령을 통하여 행하신 하나님의 위대한 일에 대한 구속사적 관심의 필요성을 촉구하였다. 그는 신비주의와 윤리적 성경관, 편협한 개인주의적 관심과 성경 이야기의 심리화에 반대하여 하나님의 계시 역사를 주장하였다.

19세기 자유주의 신학의 성경해석은 그 동력을 성경 이야기의 역사화historisering 속에서 추구하였다. 그래서 현재로 이어지는 다리는 종종 기독교적 인격을 통해 이루어졌다. 그런 경우에 설교는 특정한 이야기 속에서 드러난 종교적이고 도덕적인 가치와 그것의 심리학적 결과에 주목하였다.

주석들은 본문에 대한 역사비평에 (학문적으로!) 매달렸고, 따라서 설교는 도덕과 인격을 다루는 수준에서 움직였다. 이것이 성경비평학과 설교학적 임무 사이에 놓인 전형적인 긴장관계다. '윤리적' 접근은 이 수준에서 균형을 유지하기 위한 가장 두드러진 시도 가운데 하나였다.

스킬더는 이것을 예리하게 직시했고 거기에 심각하게 반대했다. 그러한 반대 속에 네덜란드 제2차 종교개혁의 경건주의와 슐라이어마허Schleiermacher의 영향을 받은 주관주의 전통에 대한 (종종 암시적으로, 그리고 때로는 명시적으로) 엄청난 투쟁이 일어났다.

Over ware en valse 'mystiek'(1929), *TJN*, 165-232, 특히 178, 188, 207.

(3) 윤리적 그리스도 상(象)에 반대한 스킬더의 이러한 입장은 1920년대에 조각 예술과 문학에 있었던 그리스도에 대한 미학적 관점에 반대하여 대규모 저항으로 발전했다. 예수의 모습은 그리스도의 미학적 관점에서 아름답게 묘사되었는데, 심지어 예수의 공적인 사역을 고려할 때, 결코 아름다울 수 없는 곳에서조차, 즉 그의 쓰디쓴 고통과 그의 굴욕적인 죽음 가운데서도 아름답게 표현되었다. 이런 관점에 의하면, 예수는 어떤 모습으로든 그려질 수 있는데, 즉 불자(佛子)가 수행하는 인내의 예시(例示), 고통받는 인간의 대표자, 자선가의 원형(原型), 사랑의 화신(化身), 슬픈 영혼이 겪은 시련의 상징, 순수한 인간의 표본으로도 그려질 수 있다. 하지만 그렇게 하는 사람은 유다 족속의 사자를 길들여진 고양이 새끼로 만드는 것이다. 그 사람은 예수를 하나님과 그의 엄청난 사명에서 격리시키고, 부활절과 오순절의 승귀한 주님에게서 골고다의 고난받는 사람을 제거하는 것이다.

스킬더는 골고다의 십자가가 순전히 비참하고 딱딱한 기둥이었음을 잘 인지하였고 뼛속 깊이 느꼈다. 거기서 그는 인간의 지성에 대한 복음의 거치는 것과 미학적 감성에 대한 복음의 혐오를 경험하였다. 그는 인류의 죄에 대한 이 땅에서의 하나님의 진노의 권세를 깨달았고, 낙원에서의 아담의 역사적 타락 이후로 하나님 앞에서 있는 인간의 깊은 죄책을 인식하였다. 바로 이러한 방식으로 그는 그리스도의 상상할 수 없는 사랑의 힘을 이해하기 시작하였는데, 이 힘으로 이 중보자는 인간의 죄책을 위한 속죄 사역을 완성하였다. 예수는 골고다 언덕에서 진실로 '창백한 갈릴리 사람'[25]으로서, 자신의 멸시와 증오를 널리 알렸던 것으로 일컬어지는 니체 F. Nietzsche, 1844-1900 같은 사람에 대해 대척점에 서 있다. 골고다는 진실로 이 땅에서 전능하신 자의 진노에 의해 불탄 곳이다. 중세 시대나 20세기에 에로틱한 신비주의 시인들에 의해 지어진 시 가운데 골고다를 노래하는 시는 단 한 편도 없다. 괴테 J. W. von Goethe, 1749-1832 역시 그의 붉은 장미를 내 놓을 수 없다. 살아계신 하나님은 여기, 이 땅에, 자신의 진노의 흔적을 남기셨다. 이 똑같은 땅 위에 유일한 보증이자 중보자이신 예수 그리스도, 하나님의 아들의 발자취가 남아 있다.

스킬더는 죄에 대한 하나님의 진노라는 거대한 드라마를 뼛속 깊이 느꼈다. 그래서 그는 동시에 예수 그리스도의 아버지 하나님의 독특한 사랑의 설교자가 될 수 있었다. 그래서 그는 그리스도를 하나님의 숭고한 정의에 맞서 싸우는 위대한 씨름꾼으로 제시하는 법을 스스로 터득하였다.

그것은 영지주의와 가현설, 신비주의와 알레고리에 반대하는 20세기의 저항이었다.

---

25. 스킬더는 자신의 논문 모음집 *Eros of Christus*, 178이하에서 무엇보다 '그리스도의 창백함'에 대하여 기술하였다.

확신컨대, 자명한 일로서 결코 아름다울 수 없는 것, 즉 골고다의 십자가를 미화하는 것에 대한 바로 이러한 반대는 구속사에 대한 스킬더의 사고에 참된 깊이를 더해 주었고, 그로 하여금 1930년에 나온 자신의 역작 『고난의 그리스도』 *Christus in zijn lijden*를 거침없이 저술하도록 추진력을 제공하였다.

Aesthetische Christusbeschouwing, in *Ref.*, 1 (1921) (*OWK*, IV, 110-149).

Bij dichters en schriftgeleerden (1927):

Religieuze of Aesthetische ontroering, 17-64, 특히 40-53.

Apokriefe kerstgedachten, 특히 382이하.

Over Franciscus-vereering, 특히 423.

Mefisto of Satan, 190-257.

Eros of Christus, in M. J. Leendertse e.a. (red.), *Christelijk letterkundige Studiën*, deel II, Amsterdam 1926, 130-218, 특히 181, 200-204, 그리고 178-179 '그리스도의 창백함'에 대하여.

이 방대한 논문 모음집에서 스킬더는 플라톤주의와 아가서(Hooglied)의 알레고리를 포함한 신플라톤적 신비주의를 명백하게 반대한다. 그는 중세의 신비주의, 단테, 슐라이어마허, 페르크(J. Perk)와 바우턴스(P. C. Boutens), 네이호프(M. Nijhoff)와 노팔리스(Novalis)에게 등을 돌렸다.

(4) 『고난의 그리스도』 *Christus in zijn lijden*의 저술을 향한 길에서

그리고 이러한 견줄 데 없는 3부작을 출간하던 시기에 스킬더는 그리스도 안에 있는 **구원의 사실성**_feitelijkheid van het heil_에 관하여 많은 책을 출판하였다. 그는 사실들을 서로 격리하지 말라고 경고하였는데, 예를 들어 성탄절과 사순절을 둘러싼 낭만주의가 그것이다. 그는 오랜 역사를 통하여 일하시는 하나님의 사역의 진행을 조명하는 설교를 격려하였다.

이러한 이유로 스킬더는 교회의 절기 설교에 대하여 많은 정보를 제공하였다. 이런 맥락에서 모든 구원의 사실이 스킬더의 관심 사항이었다. 이러한 모든 글은 하나님의 위대하신 사역을 선포하고자 하는 커다란 열정을 보여준다.

부록Bijlage에서는 구원의 사실을 설교하는 것에 대한 스킬더의 가르침의 개관을 제공한다. 그가 특정한 본문에 연관하여 저술한 아주 많은 묵상은 여기에 포함되지 않았다.

(5) 의심할 여지없이 스킬더는 1924-1926년에 헤일께르끈J. G. Geelkerken 박사와 관련된 개혁파 교회의 맹렬한 논쟁에 자극을 받아 낙원과 타락의 역사적 성격을 힘주어 강조했다. 낙원은 바로 이 땅에 존재했다. 죄가 우리의 역사 속에 침투해 들어왔다. 만일 아담이 역사적 인물이 아니었다면, 그리스도를 진정으로 알고 이해하는 것 역시 불가능하다. 왜냐하면 그리스도가 **두 번째**_tweede_ 아담이기 때문이다. 기원에 대한 교리인 기원론protologie은 기독론christologie

을 결정한다.

스킬더가 그리스도께서 '참 인간'waar mens이시다(하이델베르크 교리문답서, 제16문)라는 사실에 관하여 기술할 때, 그는 다음과 같이 지적하였다. "그러므로 '참 인간'Ware mensch은 진짜 사람을 의미한다. 그는 반만 사람, 거의 사람에 가까운 존재, 숭고한 인간, '다른' 역사, 소위 '고차원'의 역사 속의 사람, 사람을 닮은 그 어떤 존재가 아니다. 그는 하나의 비극 drama과 더불어 그 비극 속에 등장할 수도 있는 진짜 사람인데, 이 비극은 아담과 우리가 경험했고 또 경험하고 있는 것과 동일한 시간, 공간, 범주의 체제에binnen 속한다"(HC. II, 1947, 113).

기원론은 단지 기독론만 아니라 종말론도 결정한다. 후자의 주제는 스킬더가 그의 저서 『천국은 무엇인가?』 Wat is de hemel? 1935에서 발전시킨다.

우리는 구원의 역사에서 반드시 땅과 하늘에 관하여 숙고하기를 배워야 한다. 왜냐하면 '종말'eschaton은 역사 위에서 떠다니지 않기 때문이다.

(6) 스킬더가 떠오르는 스위스 신학에서 아마도 한순간이라도 슐라이어마허의 신비주의와 윤리학파[26]의 온순한 예수 개념에 대

---

26. "부른너(Brunner)는 … 바로 슐라이어마허 또한 그의 종교적 에로틱을 매우 강하게 반대하였고, 이런 맥락에서 그는 초기 스위스 신학의 몇몇 칼빈주의적 근본사상 부활의 대표자다"(Eros of Christus, 214). 참조. BDS, 103, 126이하.

한 동맹군을 발견하리라고 생각했을지라도, 그는 바르트K. Barth 신학에서 계시 역사라는 개념이 전혀 받아들이지 않음도 빨리 발견했다. 바르트 신학은 근본적으로 이원론의 신학으로 비쳤다. 계시(혹은 구원)가 있는 곳에 역사란 존재할 수 없다. 역사가 있는 곳에 계시나 구원이 있을 수 없다. 따라서 이것은 엄청난 신앙의 역설이다.

이러한 방식으로 구원 사실의 역사성은 불가능한 개념이 된다. 그리스도 안에 있는 구원이 모든 인간적 보고에서 빠지는데, 왜냐하면 그것은 자신의 '절대적 단회성' 안에서 우리의 모든 자료를 흐릿하게 만드는 '하나님의 시간' 안에서 발생하기 때문이다.

De paradox in de religie (BDS, 65-147, 특히 104이하, 134)
'Naar het vleesch' en 'Naar den Geest', in *Hoogfeest*, 31-44 (SO II, 266, 201)

(7) 스킬더는 갈수록 더욱 강한 확신을 가지고 성경의 통일성을 옹호하였다. 이것은 그가 이미 1919년 '**성경의 모순들?**'*Tegenstrijdigbeden in de Bijbel?*이라는 주제에 관한 논쟁에 참여했을 때 그러했다.[27] 이러한 논쟁을 통해 얻은 그의 통찰력은 구속사의 통일성에 관한 확신의 토대가 되기까지 자라났다. 성경이 하나이며 구속사도 하나다. 왜냐하면 하나님의 사역이 하나이기 때문이다. 이러한 맥

---

27. *OKW*, III, 50-95.

락에서 특별히 하나님의 위엄과 하나님 말씀의 인상적인 능력이 그에게 드러났다. 이러한 성경의 통일성과 거기에 묘사된 구속사와 계시사의 통일성의 가장 근본적인 기반은 스킬더에게 있어서 하나님의 예정, 즉 예수 그리스도의 아버지이신 하나님의 영원한 작정의 통일성에 놓여 있었다. 이러한 통찰은 스킬더의 신학을 이해하는 데 근본적이다. 지금은 이러한 주제를 취급할 때가 아니다. 하지만 이것을 지적하는 까닭은 하나님의 예정이 구속사에 대한 스킬더의 묘사에서 매우 현저하게 작동하기 때문이다.

(8) 구속사의 통일성에 관한 스킬더의 확신이 갖는 분명한 결과 중 하나는 성경이 우리에게 들려주는 많은 작은 역사들 가운데 하나만 격리시켜 중점적으로 주목함으로써 구속사의 통일성을 무시해서는 안 된다는 그의 주장에서 발견된다. 우리는 그렇게 격리된 방식으로 주목해서는 안 된다. 그렇게 할 경우 우리는 하나님의 위대한 사역에 관한 하나의 이야기를 인간의 경험으로 가득한 수많은 단편적 이야기로 분해하는 것이다.[28]

스킬더는 이러한 일이 자유주의적 성경관에서, 구약성경에 대한 도덕적 관점에서, 그리고 삼손, 다윗, 혹은 도마의 인간적 경험이 묘

---

28. 나중에 우리는 이것을 '모범적'(exemplarische) 설교라고 부를 것이다. 역사적으로 살펴보면 우리는 소위 '예화'(exemplum) 설교가 진실로 도덕주의, 상징화, 그리고 알레고리로 이어졌다는 것을 알고 있다. 참조. W. Rupprecht, *Die Predigt über alttestamentlicher Texte in den lutherischen Kirchen Deutschlands*, 179이하.

사되고 온갖 부차적 인물에 주의를 기울이는 많은 개혁파 설교에서 벌어지는 것을 보았다. 스킬더는 이것을 은밀한 형태의 성경비평이라고 불렀는데, 왜냐하면 사람들이 '하나님의 메시지에서 일자 datum를 지워버렸기' 때문이었다.

Iets over het gereformeerde karakter der lijdensprediking, *Ref.*, 10 (1929-1930), 203이하.

Iets over de eenheid der 'heilsgeschiedenis' in verband met de prediking, *Ref.*, 11 (1930-1931), 365이하(재인쇄 in W. G. de Vries, *Het ene Woord en de vele sekten*, Goes 1983, 155-189).

(9) 하나님의 단일 계시 역사의 특징은 소위 '과거의 단회성'gedateerde eenmaligheid일 뿐만 아니라 하나님의 사역과 말씀 안에서의 **진전**progressie이기도 하다.

이러한 확신으로부터 스킬더는 성경의 역사적 재료stof에 대한 설교와 관련하여 보편적 해석학 원리와 설교학 원리를 발전시켰다. "'역사적 재료'를 다루는 설교는 오로지 그리스도 안에 있는 구원을 위한 하나님의 자기계시의 사역을 가리킬 때 비로소 **설교**preek가 된다. 이것은 마치 **본문**de tekst이 우리를 **인도하는**inleidt **특정한 '때'까지 그 사역이 진전하는 것과 같고**gelijk dat werk voortgeschreden is tot op dat bepaalde tijdsgewricht, 하나님의 사역이 전개되는 이 특정한 '시점'punt을 그 사역의 '선'lijn 전체와 **연관시킬**in verband ze 때 비로소 역사적 재료를 다루는 설교가 된다."

(10) 위의 내용은 우리가 생각하기에, 스킬더가 매우 명백하게 그리스도의 낮아지심과 높아지심에 기초하여 구속사적 설교에 관한 사상을 발전시켰음을 증명한다. 바로 이러한 기초가 구약성경의 역사적 재료에 대한 설교를 위한 수많은 시도를 가능하게 했다. 이 모든 것 가운데 하나님의 말씀에 대한 깊은 존경이 스며들어 있다. 동시에 스킬더는 이로써 한편으로 개혁주의 신앙과 다른 한편으로 종교적 미학, 신비주의적 그리스도 경배 혹은 도덕적 신학과 변증적 신학 사이에 분명하게 선을 그었다.

개혁파 교회의 교리에 대한 강력한 사랑은 스킬더의 모든 관점에서 고동치고 있다. 그는 당대에 유행하던 교회의 교의dogma에 대한 비평에 결코 동조하지 않았다. 그는 젊은 시절에도 종종 카이퍼주의자의 외침과 비슷할지라도 교회 교의를 찬양하였다. 스킬더는 가장 고마운 계승자로 여겨져야 한다.[29]

(11) 마지막으로, 우리는 이 시점에서 스킬더가 윤리적 혹은 경건주의적 경건의 경험에 반대하는 자신의 입장을 감정이나 경험이나 심리학 자체를 반대하는 십자군으로 삼지 않았다는 것을 확고하게 밝힌다. 다른 말로 하자면, 그는 윤리학파와 경건주의자의 주

---

29. 참조. *OKW*, IV, 133이하. H. J. Schilder, *SNV*, 5-15.

관주의에 대하여 합리주의라는 이름으로 싸우지 않았다. 그는 심지어 현대 심리학 이론, 특히 프로이트S. Freud의 이론에 많은 관심을 갖기까지 했다. 이것은 그의 3부작 『고난의 그리스도』*Christus in zijn lijden*에서도 명확하게 드러난다. 그럼에도 불구하고 스킬더는 하나님의 계시 말씀이 지닌 최고의 권위를 꾸준히 주장하였다. 그는 그리스도 안에서 계시된 하나님의 사역과 말씀을 향한 깊은 경외심으로 주관주의, 내면화verinnerlijking, 개인주의, 종교에서의 인격 숭배에 저항하였다.

3.2. 홀베르다(B. Holwerda, 1909-1952)

스킬더의 사역은 하나님의 말씀 선포에 대한 지속적인 소명을 성취하도록 부르심 받은 많은 설교자를 격려하였다. 성경의 재료를 대하는 스킬더의 취급은 전통주의적, 도덕주의적, 혹은 교리적 설교와 반대되는 것이었다. 그리스도의 고난을 다룬 그의 위대한 저술과 수없이 많은 성경 묵상은 1930년대 이후 개혁파 교회 안에 널리 수용되었다.

하지만 1940년 즈음에 이르러서야 비로소 구속사적 설교라는 주제가 해석적, 주해적, 설교적 측면에서 의도적으로 논의되기 시작했다.

우리는 여기서 스킬더와 동시대의 젊은 두 설교자 홀베르다B.

Holwerda, 1909-1952와 판 엇 피어Van 't Veer, 1904-1944의 이름을 명예롭게 언급할 수 있다. 구속사적 설교라는 주제가 진정으로 논의되기 시작한 것은 남성 연합회의 성경공부가 그 배경이었다. 스킬더 자신은 어려운 시대적 여건(제2차 세계대전) 때문에 이 논쟁에 참여할 수 없었다. 하지만 그의 사역은 확실히 그 논쟁을 위한 넓은 배경을 형성하였다.

이 논쟁은 또한 소위 개혁파 교회의 신학적 견해 차이에 대해 당시 유행했던 논쟁과 연관되었다. 한편으로 이 논쟁은 대화의 순수성과 평화에 부정적 영향을 끼쳤다. 다른 한편, 이 논쟁은 쟁점 자체, 즉 주관주의와 개인주의에 대한 투쟁과 네덜란드 제2차 종교개혁과 카이퍼주의자들의 교의학을 통해 전수되었던 '문제 제기'probleemstellingen에서 벗어나려는 투쟁의 시도와 분명한 연관이 있었다.

홀베르다가 1940년과 1941년에 이 주제에 관한 소논문을 작성하고 강연을 한 후, 1942년 6월 25일에 개최된 목회자 컨퍼런스에서 강연 중에 자신의 생각을 요약하였다. 그의 강연은 '설교에서의 구속사'De heilshistorie in de prediking라는 제목 하에 개혁신학저널GTT에 출간되었고, 그 이후 구속사적 설교법 원리 선언문의 자격을 얻었다. 지금까지 사용된 전문용어는 이 출판물에 의해 정해졌고, 논의의 중요한 연결고리도 여기서 발견된다. 따라서 그의 이 근본적인 제시에 주의를 많이 기울이길 바란다. 게다가 특히 다음 요지를 면밀하게 살펴보기를 원한다.

(1) 스킬더의 글을 읽은 후에 홀베르다의 글을 읽어 본 사람은 분위기가 조금 다르다는 것을 감지할 것이다. 스킬더와 홀베르다 사이에 명백히 연관성이 있지만, 두 사람이 취하는 접근법은 분명 다르다. 스킬더에게서는 주제의 방대함과 복잡성이 눈에 띄는 반면, 홀베르다에게서는 주해적 분석과 예리한 정의가 곧바로 우리의 이목을 끈다. 스킬더는 성경의 그리스도에 대한 설교에 대한 자신의 통찰에서 자신의 사상을 전개한다. 홀베르다는 이 주제를 일차적으로 신구약성경의 연관성과 차이와 관련된 해석학적 질문으로 취급한다.

게다가, 홀베르다의 관심은 확실히 **주해적**exegetisch 경향을 지닌다. 그는 최근에 발전한 새로운 주해, 특히 독일로부터 전달된 주해에 사로잡혀 거기에 주의를 기울였다. 아이히로트W. Eichrodt, 1890-1978와 고펠트L. Goppelt 같은 신학자들(그리고 제2차 세계대전 후에는 쿨만[O. Cullmann, 1902-1999])이 그를 사로잡았다. 비록 홀베르다가 피셔W. Vischer, 1895-1988와 같은 사람에 맞서 구속사적 설교 문제를 보호할 수 있었고, 게다가 바르트의 성경관에 관한 교리적 논쟁을 피하지 않았을지라도, 정작 그의 관심은 교리적인 동기 때문이 아니었다. 그가 이 주제를 접한 것은 다른 관심사 때문이었다.

스킬더와 홀베르다의 이러한 미묘한 차이로 인해 논의의 부분에 대해서도 접근이 달랐는데, 그것을 살펴볼 것이다.

(2) 홀베르다의 소논문은 오늘날까지 구속사적 설교에 관한 논쟁에서 사용된 전문용어를 결정하였다. 비록 자신이 용어들을 임시적으로 선택했으며 결코 여기에 매이지 않기를 바란다고 계속 강조하고 스스로도 이 용어를 전혀 만족스러워 하지 않았지만, 그의 전문용어는 네덜란드뿐만 아니라 국제적으로도 유명해졌다. 그 후로 사람들은 **모범적**exemplarische 설교와 대조해서 **구속사적**heilshistorische 설교를 언급한다.

'모범적'exemplarisch이라는 단어는 우리가 성경 이야기의 역사적 위치를 고려 않는 그런 방식으로 성경 이야기를 사용하는 것이라고 생각해야 한다.

역사적 숙고를 기초로 하여 홀베르다가 처음으로 '모범'에 대해 언급한 인용문을 여기에 제시한다. "이 방법을 나는 **모범적** exemplarische 설교라 부르고자 한다. 왜냐하면 이 방법은 성경 역사를 우리에게 본보기들(실례들)인 온갖 종류의 독립된 역사로 분해시키기 때문이다."[30]

이 방법의 특징은 당시와 지금 사이에 역사적 등식 부호를 둠으로써 성경 인물의 삶(혹은 영혼)의 역사와 우리 사이의 연관성이 강조되는 것이다. 이야기는 윤리적·교리적 영역에서 특정한 '진리'waarheid를 묘사하는 예화적 기능을 갖는다. 이런 예화적 성경 사용은 이야기를 하나의 '본보기'(실례)로 만들고, 스스로 성경 역사를

---

30. *Gereformeerd Mannenblad*, 18e jg., no 3, 1940.

파편화시켜 원자론적 취급을 초래한다.

이와 반대로, **구속사적** *heilshistorische* 방법은 성경이 별개의 격리된 역사 이야기의 모음집이 아니라는 사실을 진지하게 수용하고자 한다. 우리는 성경을 하나님의 이야기로 읽어야 하는데, 하나님은 낙원에서 언약하신 이후로 그리스도 안에서 자기 백성에게 오시고 지금도 승귀하신 그리스도를 통하여 교회와 세상을 통치하는 분이시다. 분명한 사실은 오늘의 신자를 위한 성경의 적용 가능성을 부정하거나 성경 이야기의 본보기 기능을 무력화시키기 위한 목적이 아니라는 것이다. 질문은 성경 이야기가 그런 기능을 갖는가에 대한 것이 아니다. 오히려 질문은 본보기를 확정짓는 방식과 관련된다. 역사적 등식 부호를 사용할 것인가, 아니면 구약과 신약 사이의 역사적 거리감, 비교적 관계를 고려할 것인가 등.

홀베르다는 과거와 오늘의 주석가들이 행해 온 억지스럽고 피상적이며 부정확한, 그리고 역사적 이야기들의 특징을 제거하는 일률적인 평행긋기에 저항하고자 했는데, 이것은 도덕주의적, 교리적, 알레고리적, 그리고 피상적-모형론적 설교에서 발생하였다.

(3) 홀베르다는 현대 해석학에 대한 명백한 관심으로 인해 고펠트의 책 『모형론』 *Typos*에 강하게 사로잡혔다. 구약 이야기의 '본보기' 특성에 대한 논쟁에서 홀베르다는 고펠트의 책을 인용하는데, 왜냐하면 그는 이 'tupos'(참조. 고전 10:6, 11)라는 용어가 우리에게 구속사적 중요성을 지닌 '본보기', 즉 전조(前兆), 예표 prae-figuratie

를 제시한다고 생각했기 때문이다. 그것이 성경이 말하는 참된 '예표'voor-beeld다!

(4) 우리의 눈에 띄는 사실은 홀베르다가 '구속사'heilsgeschiedenis 개념을 특정한 방식으로 교리와 연관시킨 것이다. 그것은 특히 정교하게 다듬어진 공식에서 발견된다. 구속사는 **교리 예시적**dogma-illustrerende 중요성이 아니라 **교리 확립적**dogma-funderende 중요성을 지닌다. 우리는 이 공식에서 성경 이야기들이 단순히 교리적 해설을 위한 발판으로 사용되는 설교에 대한 저항의 목소리를 듣는다. 이 저항은 특히 카이퍼주의적-스콜라주의적 설교를 겨냥한다.

여기서 스킬더보다 홀베르다에게서 훨씬 더 두드러지게 전면에 나타난 구속사적 방법에 대한 특정한 적용을 보게 된다는 것은 명백하다. 이런 통찰은 성경을 대하는 것과 설교의 성격에 관한 홀베르다의 종합적 사고에 깊이 뿌리를 내리고 있다.

다음 장에서는 홀베르다의 강연의 핵심 논지를 포괄적으로 다루길 희망한다.

3.3. 판 엇 피어(M. B. van 't Veer, 1904-1944)

홀베르다의 동료이자 동시대 사람인 판 엇 피어 박사(당시 남성협회[Mannenbond]의 회장) 역시 구속사적 설교의 성격에 관하여 깊이 성찰하였다. 그는 이미 1939년 선지자 엘리야에 관한 연구(왕상 17-18장)를 『나의 하나님은 야웨』*Mijn God is Yahwe*라는 제목으로 출판한 후, R. 스키퍼스R. Schippers 편저의 개혁파 고백에 따른 설교에 관한 책, 『말씀의 봉사에 관하여』*Van den dienst des Woords*에 게재된 "구약의 역사적 재료에 대한 기독론적 설교"*Christologische prediking over de historische stof van het Oude Testament*라는 제목의 포괄적인 소논문에서 구속사적 설교에 관한 해석학적 통찰을 확립하였다.[31]

엘리야 선지자를 연구한 그의 책(그리고 다른 출판물들)에 따르면, 판 엇 피어는 스킬더의 영향을 크게 받았으며, 늘 그에게 감사하는 제자임을 자처했다. 지금 우리의 주제와 연관되어 우리의 이목을 끄는 그의 소논문은 실제적으로 홀베르다가 수년 전에 목회자들에게 제시했던 것과 동일한 재료를 취급한다. 그럼에도 불구하고 두 사람의 논의를 비교해 볼 때, 단지 판 엇 피어의 취급 방법만 아니라 반대 주장도 고유한 특징을 보여준다.

예를 들어, 판 엇 피어는 홀베르다의 방식을 따라 교리를 현재의 논의 속에 가져오지 않는다. 그는 동시대 설교자들의 많은 설교 가운데 명백하게 작동했던 **심리학***psychologie*의 역할을 공격하였다. 판 엇 피어는 예를 들어, 엘리야의 영혼의 상태는 그의 의복이나 그의 음식과 마찬가지로 많거나 적거나 간에 설교에서 다루어야 할 중요

---

31. M. B. van 't Veer, *Christologische prediking over de historische stof van het Oude Testament*, in R. Schippers, red., *Van den dienst des Woords*, Goes, 1994. 117-167.

한 부분이 아니라고 주장했다.[32]

중요한 것은 궁극적으로 신앙의 투쟁에 뛰어든 사람의 영적 초상을 제시하는 것이 아니다. 판 엇 피어는 예를 들어, 관련된 역사를 세상에 오시는 그리스도에 관한 단일한 역사의 일부로 보지 않은 채, 아브라함의 영혼의 경험과 우리 사이에 일직선을 그어도 되는지 질문하였다. 이 질문에 대한 판 엇 피어의 답은 명백하다. 그는 설교를 위한 것이라는 구실로 종교적 경험이나 삶의 심리학적 측면을 취급하는 것에 반대하였다. 이 모든 요소는 다른 많은 것과 마찬가지로 확실히 언급할 수 있다. 하지만 그런 경우에 그것들은 반드시 역사의 고유한 성격을 더욱 분명하게 드러내기 위한 시도에 봉사해야 한다. 오로지 이러한 방식으로만 그리스도인이 그리스도의 중심 자리를 차지하는 것을 방지할 수 있다.

딜레마는 이것이다. 옛 이야기와 우리를 함께 묶어주는 것은 역사적 끈인가 아니면 심리적 일치인가?

이런 방식으로 판 엇 피어는 도덕주의 설교와 주관주의 설교에 대항하여 강력하게 논증하였는데, 그런 맥락에서 그는 당대에 출판된 설교에 나타난 수많은 실례를 도움 삼아 강력하게 경고하였다.

이 부분을 요약하자면, 우리는 판 엇 피어가 무엇보다도 네덜란

---

32. 참조. Van 't Veer, *Christologische prediking over de historische stof van het Oude Testament*, 146-147, 151-152, 159-160, 166.

드 제2차 종교개혁 Nadere Reformatie과 1834년의 분리 Afscheiding[33]를 지나, 20세기 전반에 떠오른 심리학을 칭송하여 개혁파 교회의 설교에 다소간 강하게 영향을 끼쳤던 주관주의에 맞서 싸웠다는 것을 말할 수 있다.

게다가 홀베르다는 소위 '교리적'dogmatische 설교 가운데 전면에 나타난 객관주의의 위험을 강력하게 강조했다. 그런 맥락에서 '구속사'는 겨우 예화의 기능만 할 수 있기 때문이었다.

홀베르다는 명백히 설교와 관련된 '객관주의' - '주관주의' 딜레마의 부정확성을 강하게 느꼈다.[34] 그는 우리가 훅스트라T. Hoekstra, 흐레이다누스S. Greijdanus, 그리고 스킬더K. Schilder 같은 학자들에게서 발견하는 것처럼 전승된 언어 사용의 정확성에 중요한 기여를 했다. 도예베르트H. Dooyeweerd의 '법이념 철학'Wijsbegeerte der Wetsidee이 아마도 이런 정확성을 정교하게 하는 데 부분적으로 영향을 미쳤을 것이다.

---

33. 역자주. 1834년의 분리(Afscheiding)는 헨드릭 더 콕(Hendrik de Cock, 1801-1842) 목사의 지도하에 발생한 네덜란드 국가교회(Nederlandse Hervormde Kerk)로부터의 분리를 지칭한다.
34. 참조. 그의 소논문, *Evenwichtsconstructies met betrekking tot de prediking* (1944년 경에 저술), in *Populair-wetenschappelijke bijdragen*, Goes 1962, 9-33.

4. 평가

Heilsgeschiedenis en Prediking

4. 평가

4.1. 항구적 이익

앞서 우리는 개혁파 교회 내부에서 '구속사적 설교'라는 설교학적 모델이 제시된 세 가지 맥락을 살펴보았다.

이 세 가지 맥락의 공통 특징은 상호간의 다양성에도 불구하고 분명하게 식별할 수 있다. 세 가지 모두 동일한 목표를 갖는다. 설교의 수준을 보증하는 것. 그리스도의 교회는 반드시 그리스도 안에 있는 하나님의 감동적 사역을 이해하는 법을 배워야 하며, 그것을 염두에 둔 성경 읽기를 배워야 한다. 하나님은 다름 아닌 우리의 인간 역사와 우리의 지면에서 자신의 구원 사역을 성취하셨다. 우리는 이 위대한 사역의 이야기를 작은 조각으로 파편화시켜 우리의 입맛에 맞게 또한 우리의 제한된 지평 안에 끼워 넣어서는 안 된다.

이런 방식으로 많은 기형적 오류를 방지할 수 있다. 우리가 생각하는 것은 다음과 같다.

- 이야기의 세세한 부분에 기초한 피상적인 모형론.[35]

- 주관적, 그리고 개인주의적 노선 혹은 심리학적 노선을 따른 메시지 전달. 이런 경우, 등장인물의 특징과 실수, 그리고 도덕적 실패는 도덕주의적 (종종 예의바른) 설교를 장식하는 한편, 교리주의적 dogmatistische 설교에서 정통 교리는 성경 이야기로 예시되었다.

- 철학이나 미덕에 대한 가르침을 통해 우리가 이미 알고 있는 것이나, 혹은 예를 들어 정치, 도덕 혹은 신비주의의 영역에 대한 우리의 열망에 관하여 성경을 예화로 이용하려는 경향.

- '그리스도에게 이르는 선' 혹은 '우리에게 이르는 선'을 추구하는 가운데 이야기의 부수적 세부항목을 교묘히 사용하여 설교의 적실성을 획득하려는 수많은 억지 시도.

- 성경 역사를 신비적 혹은 교리적 진리를 예시하는 그림책으로 격하시키는 것.

- 해설-적용의 패러다임을 뒤집어 인간의 주관적 경험이 본문을 지배하는 환경을 조성하는 것.

이 모든 오류에 대하여, 성경과 성경 저자에 대한 존중은 우리로 하여금 구체적인 이야기의 구속사적 맥락으로 돌아오도록 부르고, 자신의 아들 예수 그리스도 안에 있는 하나님의 자기계시로 돌아가게 한다.

그래서 우리는 이러한 유익을 결코 놓쳐서는 안 된다. 우리는 근

---

35. *CP*, 138-145.

본주의적 성경 사용, 분파적 운동, 정치적 설교, 경험신학에 대한 이러한 경고를 지속적으로 필요로 한다.

요약하자면, 우리는 성경을 인간적 견해에 종속시키는 모든 사고방식에 맞서 싸워야 한다. 스킬더K. Schilder는 이미 1931년에 은사주의 운동, 로마교의 교리, 그리고 교리와 삶에 관한 윤리적 혹은 바르트주의자의 견해에 대한 투쟁을 위해 '구속사'Heilshistorie 개념의 중요성을 지적하였다.[36]

동시에 당시의 대변인들을 통해 강조된 사실은 이 모든 것에 있어서 성경이 지닌 '모범'voorbeeld의 특성을 잃어버려서는 안 된다는 것이다. 그러나 모범은 반드시 이야기의 **본보기**tupos의 특성 속에서 추구되어야 한다. 다시 말하면, 새로운 경륜 가운데 실현되었거나 실현되고 있는 것의 전조의 특성 속에서 추구되어야 한다. 역사적 이야기에 대하여 설교하는 자는 그 역사를 교육학적으로 예시적인 모범exemplum으로 만들어서는 안 된다. 왜냐하면 그렇게 성경을 사용하는 것은 역사적 이야기의 특징을 일률적으로 제거하고 파편화시키는 원자론적 성격을 갖기 때문이다. 그러나 하나의 주제(예를 들어, 신앙이나 기도)에 대하여 설교한다면, 그 설교에서 역사적 언급은 예시로 사용될 수 있다(히 11; 약 5).

---

36. *Ref.*, 11, 382.

이 개념의 중요성은 우리가 이 개념을 개혁파 전통의 배경에 둘 때 더욱 확연히 드러난다. 네덜란드 개혁파 교회는 언제나 성경 이야기에 대한 주관주의적, 그리고 개인주의적 접근의 경향을 지닌 네덜란드 제2차 종교개혁에서 상당히 큰 영향을 받았다. 게다가 후기 카이퍼주의자 시대의 설교에서 교회의 교리는 전통적 스콜라주의 체제 안에서 점점 굳어져 갈 위험에 처하게 되었다.

게다가 네덜란드 개혁파 교회는 성경 역사를 다루는 성경 비평학적 방식에 대해 그들 자신의 입장을 더욱 예리하게 확립할 필요가 있었다. 또한 이런 맥락에서 네덜란드 개혁파 교회는 그들의 통찰을 예리하게 만들어 설교를 위한 거룩한 성경에 대한 그들의 신앙 (특별히 네덜란드 신앙고백 3, 5, 7조)의 결과 속에 포함시켜야 했다.

따라서 우리에게 확고한 사실은 1920-1945년도에 활동했던 목회자들이 하나님의 계시와 구원의 성격에 관해 지녔던 예리한 통찰을 우리가 존경과 감사로 수용해야 한다는 것이다.

네덜란드 제2차 종교개혁이나 판 오스터르제이J. J. van Oosterzee, 1817-1882에 의해 각인된 지난 세기의 설교 스타일을 되찾으려고 뒤따르거나 그 스타일로 돌아가는 것은 불가능하며 그렇게 해서도 안 된다.

4.2. 비평적 해설

구속사적 설교라는 개념에 대한 우리의 평가는 또한 반드시 많은 비평적 정보를 포함해야 한다. 우리는 우리의 비평을 다음의 일곱 가지 요점으로 요약한다.

4.2.1. '모범'(exemplum) 개념에 대한 모호한 정의

우리가 이해하기로 '모범적exemplarische' 설교라는 용어를 만들어 낸 홀베르다B. Holwerda는 '모범'exemplum = voorbeeld이라는 개념을 불완전하게 묘사하고 예리하게 정의하지 못하였고, 그 결과 그릇되게 사용하였다. 이 개념의 가치와 기능에 대한 이러한 잘못된 정의는 구속사적 방법에 대한 논쟁과 실천 과정에서 막심한 손해를 초래했다.

'모범'과 '모범적' 설교라는 개념이 홀베르다의 해설과 그를 통해 촉진된 설교에 대한 숙고 속에서 중심적인 역할을 맡고 있기 때문에, 우리는 이 개념을 광범하게 논의하고자 한다.

(1) **모범의 언어학적 의미** *taalkundige betekenis van exemplum*의 확정과 관련하여 홀베르다는 이 단어(라틴어 *ex-imo*에서 유래됨)가 "유사한 많은 것들 중 하나", "유사한 사물의 모음에서 뽑은 하나의 예시"를 지칭

한다고 지적했다. 이 용어는 **교육학적-예시적**_pedagogisch-illustratief_ 모범이라는 함의를 지니고, 홀베르다에게 있어서 하나의 구속사가 많은 독립된 역사로 분해되는 설교방법을 가리키기 위한 임시적이고, 극히 선명하지 않은 용어였다.

'모범'exemplum에 대한 이러한 의미 설명은 우리가 보기에 부정확하다. 사실상 이런 식으로 역사적 특징을 제거하는 일률적 이해가 이미 처음부터 모범의 개념 안에 주입되었다.

모범_exemplum_이라는 단어는 사실 라틴어 동사 _ex-imo_(밖으로 꺼내다)에서 유래한다. 이러한 맥락에서 '모범'이란 어떤 곳에서 밖으로 취해진 하나의 대상을 지시하는데, 예를 들어, 한 검사관이 전체의 품질을 결정하기 위해 이런 방식으로 하나를 선택하는 것을 가리킨다.

이 단어는 상업 세계에서 사용되고 있으며, 우리말 단어의 '견본'monster 혹은 '표본'staal에 해당한다. 그러므로 모범은 우리로 하여금 그것이 취해진 전체에 대해 낯설게 만드는 것이 아니라, 오히려 우리로 하여금 그 전체를 알고 친숙하게 하려는 것이다.[37] 이 단어는 이런 식으로 **시험**_proof_, **표본**_staal_, **증거**_bewijs_, **상품권**_blijk_, **견본**_monster_, **모델**_toonbeeld_, **이상**(理想, _Ideaal_)을 의미할 수 있다. 행동의 영역에서 이 단어는 **경고적 모범**(_waarschuwende voorbeeld_, '본보기적' 형벌) 혹은 따르고 싶은 **매력적 모범**(_navolgenswaard voorbeeld_, 좋은 본보기

---

37. 참조. Ph. J. Huijser, _Exemplarische prediking_, in GTT 49 (1949), 247.

로서의 모델) 모두를 의미할 수 있다. 그래서 우리는 본(木, *model*), 근원(根源, *origineel*), 선례(先例, *antecedent*), 양식(樣式, *patroon*), 모방(模倣, *nabootsing*), 모사(模寫, *copie*), 각인(刻印, *afdruk*), 초상(肖像, *portret*), 예시(例示, *illustratie*) 같은 네덜란드어 단어를 사용한다. 모범이 무엇이든 간에, 그것은 어쨌든 역사적 특징을 제거하는 일률적 요인을 지칭하는 것이 아니다 *niet*.

동일한 방식으로 네덜란드어에서 모범 *voorbeeld* 이라는 단어도 마찬가지다.

모범 *voorbeeld* 은 다음과 같은 것을 의미할 수 있다.

1. **예시적** *illustratief* : 교육이나 강연시의 실례.
2. **규범적** *normatief* : 사람들이 동일시할 수 있는 양식이나 본. '따르도록' *navolging* 청하는 것.
3. **겁주어 놀라게 하는** *afschrikwekkend* : 우리는 이것을 부정적-규범의 의미로 부를 수 있다.
4. **지시적** *demonstratief* 혹은 **대표적** *representatief* : 한 부분으로 완전한 전체를 알 수 있게 하는 특징적 예시. 여기서 우리는 표본 *staal* 이나 견본 *monster*, 그리고 **증거수단** *bewijsmiddel* ('증거자료' = *documentum*)의 개념의 의미와 연관된다. 여기서 '모범' *exemplum* 은 '모범' *tupos* 과 일치한다. 모범은 '특징적인' *typerend* 것이다. 이런 경우에 독일인은 '전형적인' *exemplarisch* '이라는 단어를 사용한다.

5. **예증적**_paradigmatisch_ : 하나의 경우를 통해 규칙이나 개요(문법과 수학에서)를 설명할 수 있는 하나의 실례.
6. **근원**_origineel_ : 따라서 쓰거나 그리기 위한 목적으로 제시된 하나의 본보기.

이러한 요약을 통해서 '모범'voorbeeld이라는 단어는 넓은 의미의 범위를 갖고 있다는 것이 드러난다. 따라서 우리는 이 단어가 지닌 의미의 중요성을 단 한 부분에 한정해서는 안 된다.

따라서 우리가 보기에 사람들은 역사가 '모범적'exemplaristisch이라는 것을 정당하게 변호할 수 있다. 이렇게 말함으로써 역사란 예시적이거나, 격려하거나(모방으로의 초대), 경고하거나, 특징적 기록물이거나, 대표적이거나, 예증적이라는 것을 의미할 수 있다.

그래서 '모범'exemplum이라는 단어 자체가 역사적 특색이 없다고 주장하는 것은 절대적으로 그릇된 것이다.[38] 우리말(네덜란드어)에 이르기까지 살펴보면, '모범'exempel이라는 단어는 덕성 함양적 혹은 희극적 의도를 지닌 역사적 이야기와 연관된다.

우리는 '전설과 모범'legenden en exempelen이 중세 시대의 중요한 문학 장르였음을 알고 있으며, 설교학적 목적을 위한 철저한 예화 모음집에도 정통하다.[39] 이 단어의 사용은 고대 수사학에서 이루어

---

38. B. Holwerda, _Begonnen hebbende van Mozes_ ⋯, Kampen 1974², 85.
39. 참조. Brückner의 작품, (2장, 각주 6).

졌다. 이 점에 있어서 우리는 비록 마음에 들지 않게 제시되었다 할지라도 반드시 하위서르Ph. J. Huijser의 비평에 동의해야 한다. 어쨌든 홀베르다 자신은 모든 비평 가능성을 열어두었는데, 왜냐하면 그 역시 이 용어의 결함을 발견했기 때문이다.[40]

(2) 더 나아가, 우리는 (번역)성경의 '모범'exemplum의 사용gebruik van 'exemplum' in de bijbel (vertaling)에 주의를 기울이고자 한다.

홀베르다는 고린도전서 10:6, 11의 *tupos*라는 단어가 (즉, 불가타[Vulgata] 라틴어 성경에서) '모범'*exemplum*으로 표현되지 않고, '예표'*figura*로 또 다른 곳에서는 '모형'*forma*으로 사용된 사실에 주목하였다. 그의 견해에 따르면, 이 단어들은 역사적 특색을 지니고 있었다.[41]

하지만 신약성경과 관련하여 이러한 결론은 맞지 않다. 'Forma'는 헬라어 *tupos*의 일반적인 번역이며(롬 5:14; 6:17; 빌 3:17; 살전 1:7; 살후 3:9; 딤후 1:13; 벧전 5:3), 따라서 고린도전서 10장에서 'figura'라는 단어가 사용된 것은 실제로 주목할 만하다. 'Figura'는 종종 상징을 지시하는데, 특히 구약의 의식적ceremoniële 규례와 관련된다. 하지만

---

40. Holwerda, *Begonnen hebbende van Mozes* …, 82, 88, 91, 93. 참조. B. Holwerda, *Dictaten deel I: Historia revelationis*, Kampen 1954. 21, 114-115. 또한 스킬더(H. J. Schilder)는 이 점에 관하여 분명한 예비적 표시를 제공하였다. 그는 '모범의 제공'과 '모범적 방법' 사이를 구분하였다. 참조. 그의 출판물들 *SNV*, 16, 19, *RT*, 13, *KBV*, 139, *VV*, 59, *In Sion is het Woord nabij*, Groningen 1976, 183 (각주 15).

41. Holwerda, *Begonnen hebbende van Mozes* …, 85.

고린도전서 10장의 경우, *figura*는 *exemplum*과 구별되어 사용된 것이 아니라 *forma*와 대조적으로 사용되었다.

우리가 *exemplum*이라는 단어를 연구해 보면, 헬라어 *hupodeigma*(요 13:15; 히 4:11; 8:5; 약 5:10; 벧후 2:6), *tupos*(딤전 4:12; 딛 2:7), 그리고 *hupogrammos*(벧전 2:21)의 번역으로 사용된 것임을 알 수 있다.

*hupodeigma*는 실례(實例), 기록물, 증거, 표본, 견본을 의미한다. *Hupogrammos*는 선생님이 그의 제자에게 주는 그림이나 글의 실례(實例)이다. 이것은 *tupos*와 거의 일치한다. *Tupos*는 차후의 사건과 구조적 유비를 보여주는 특징적인 예표(豫表, 고전 10장!)를 가리키거나 혹은 한 사람이 예를 들어, 자신의 삶의 방식을 통해 다른 사람에게 주는 전형적인 모범을 가리킨다.

다소 메마른 이러한 언어학적 목록에서 무엇이 드러나는가?

'*exemplum*'이 *hupodeigma*의 번역일 때, 이야기된 사건의 규범적 범위를 지시하거나 혹은 그 사건에 대한 경고의 성격을 가리킨다(참조. 전자의 경우 요 13:15; 약 5:10; 혹은 후자의 경우 히 4:11; 벧후 2:6).

이 모든 경우에서 중요한 것은 역사적 모범인데, 이 모범은 계속 역사를 통해 우리에게 말한다.

이런 경우에 '*exemplum*'은 역사적으로 강하게 채색되었다.

그래서 이 단어 자체는 역사적 색채를 지니고 있지 않다. 하지만 이 단어가 사용되는 맥락이 그러한 색채를 결정한다.

동시에 tupos라는 단어가 항상 그렇게 강하게 역사적으로 채색된 것이 아니라는 것은 옳은 말이다. 이 단어는 그런 강조 없이도 그 규범적 의도를 전달할 수 있다(딤전 4:12).

번역어 forma에도 동일하게 적용된다(예, 빌 3:17; 살전 1:7).

요약하자면, 그 어떤 주장도 다양한 용법에서 한 가지 의미만 추론해 낼 수 없다. tupos와 hupodeigma는 서로 가까이 놓여 있다. 고린도전서 10장에서 tupos라 불리는 것은 히브리서 4:11에서 hupodeigma로 일컬어진다. 이 두 본문은 결국 동일한 사건을 다루고 있다. 우리는 exemplum과 forma에 대해서 동일하게 말할 수 있다.

이런 식으로 우리는 tupos의 번역을 위해 영어 성경번역이 'example'이라는 단어를 매우 집중적으로 사용했다는 것을 동시에 이해할 수 있다. 이러한 단어 사용은 여러 차례 양식pattern, 형식form 혹은 모델model 같은 단어로 교체되었다.

따라서 이 부분과 관련된 우리의 결론은 이제 우리가 '모범적'exemplaristisch이라는 단어를 예시적이고 원자론적 본문 사용에 대한 지시로 선택한 것을 유감스럽게 생각해야 한다는 것 외에 다른 것이 아니다. 이 단어는 관련된 논점을 명확하게 해 주는 것이 아니라, 그와는 정반대로 그 누구도 역사적 상황이나 인물을 더 이상 감히 '모범'voorbeeld이라고 부를 수 없게 만드는 위험을 수반한다. 이러한 방식으로 모범exemplum의 자격을 박탈하는 것은 너무도 가혹한 절단이다. 스킬더H. J. Schilder, 1916-1984가 분명히 '모범적'exemplarisch 개념을 경감시키기 위해 '모범주의적'exemplaristisch이라는 단어를 소개하려고 시도했을 때 이것을 감지했다.[42] 홀베르다와 다우마 목사ds. J. Douma[43] 사이의 지속적인 오해는 홀베르다가 'exemplum'에 대한 자신의 개념 정의에서 초래한 제한성의 측면에서 설명할 수 있다. 다우마Douma가 "경건의 실천을 지향한"이라는 의미에서 '모범적'exemplarisch이라는 용어를 취했을 때, 우리가 이해하기에, 다우마Douma가 이런 맥락에서 '모범적'exemplarisch이라는 용어의 특별한 의미를 간과하지는 않았는지의 여부가 문제다. 우리는 그 반대라고 생각한다. 어쨌든 다우마Douma는 여기서 훅스트라T. Hoekstra의 권위를 그 배경으로 하고 있다.[44]

(3) 20세기에 네덜란드 개혁파가 모범exemplum에 대하여 고군분투하기 전에, 역사의 목적에 대한 성격을 묘사하기 위한 이 용어의 사용은 이미 설교학적 실제와 해석학적 숙고에서 오랜 역사를 지니고 있었다.

우리는 여기서 이 요점에 관하여 짤막하게 역사적으로 탐구해 보고자 한다.

---

42. *RT*, 15.
43. 참조. *BH*, 85.
44. T. Hoekstra, *Gereformeerde homiletiek*, Wageningen 1926, 341-342.

루터와 모범

잘 알려져 있듯이, 마틴 루터Martin Luther, 1483-1546는 설교의 역사에서 중심적인 위치를 차지한다. 그는 성령께서 선포된 말씀을 통하여 그리스도의 은혜를 교회에게 나누어 주신다는 사실을 재발견하는 특권을 누렸다. 이것은 루터의 개혁적 사역을 떠나서는 오늘날 우리의 설교를 상상할 수 없을 정도로 그가 설교의 영광을 회복시켰다는 것을 의미한다.

이로써 우리는 모든 개혁 교회의 설교 **방식**manier이 루터에 의해 결정되었으며, 모든 설교자가 루터의 방식대로 자신의 설교문을 작성하고 배열해야 한다는 것을 말하고자 하는 것은 아니다. 루터의 동시대 사람들은 이미 이것을 이해하였다. 루터의 설교 방식은 지극히 개인적인 개성에 따른 것으로 이미 그의 가장 가까운 동역자였던 필립푸스 멜랑흐톤Philippus Melanchthon, 1497-1560은 신학교에서 가르칠 때 잘 알려진 고전 수사학의 규칙을 고수하였다.

그것이 그가 자신의 교육 목적, 즉 학생들에게 하나님의 말씀을 해설하고 번역하는 방법을 가르치기 위한 유일한 수단이었다.

루터의 설교 방식은 단지 그의 개인적 능력에 의해 결정되었을 뿐만 아니라 동시에 중세의 전통과 당대의 문화와 강하게 연관되었다. 이러한 이유 때문에 우리는 루터의 설교 방식을 더 이상 채택할 수 없다. 칼빈을 비롯한 개혁자에 대해서도 동일하게 말할 수 있다.

이제 모범exemplum의 문제에 한정하여, 우리는 루터가 자기 자신이 성장했던 전통 속에서 설교와 관련된 모범exemplum 개념의 문제에 맞닥뜨렸다는 것을 발견할 수 있다. 그는 모범 자체를 널리 사용하였고 동시에 그것의 사용을 교정하였다.

우리가 이것을 인식하는 것이 유익한데, 왜냐하면 이 모범의 개념은 홀베르다 같은 사람의 신랄한 비판을 받았기 때문이다.[45]

중세 그리스도인의 지적 세계 안에서 많은 모범이 한 몫을 했다는 것이 즉시 분명해진다. 결국 당시는 성인, 즉 사도, 순교자, 수도자, 그리고 교회 역사상 위대한 남성과 여성을 숭배하던 시대였다. 성인들은 모두 기독교인을 장식하는 미덕을 장려하기 위한 모범으로 작용하였다. 성경의 이야기 역시 이와 같은 식으로 작용했는데, 당대를 위한 장려하는 모범이나 경고하는 모범이었다.

이러한 문제에 몰두한 루터를 본다면, 우리는 모범의 문제를 취급하는 그의 태도에서 몇 가지 전형적 특징을 발견한다.

루터는 역사를 알레고리적으로 영화시키는 것vergeestelijken을 맹렬하게 자주 반대했다.

그는 그리스도께서 일상적인 이야기 가운데 자신을 계시하는 것이 그분의 영광에 속하는 일이라고 이해하였다. 그리스도께서 탄생하실 때 누우신 지푸라기와 말구유는 말하자면 '역사'의 일부였다. 신앙은 그리스도께서 현존하는 역사에 기초한다.

하지만 우리가 하나님의 단순한 이야기를 부끄러워하지 않는다

---

45. 참조. 1949-1951년의 *GTT*에 게재된 Ph. J. Huijser의 소논문들. 그리고 그의 책, *Het exempel in de prediking*, Groningen 1952.

면, 우리는 동시에 그 이야기가 우리 **자신의**_eigen_ 삶 속에서 이야기 하도록 해야 한다. 그러므로 우리는 단지 그 사실을 알 뿐만 아니라 그 사실의 '**유익**'usus과 '**열매**'fructus도 알아야 한다.[46] 이러한 측면이 루터가 자주 'exemplum'의 개념을 가지고 표현했던 것이다. '모범'exempel이란 오늘의 우리에게 돌아와 우리를 지향하는 과거 사실의 측면이다.

'모범들'voorbeelden 가운데 격려와 경고가 주어지고, 하나님 말씀의 진리에 대한 증거가 제공되며(예를 들어, 생명으로 인도하는 율법의 무능에 대하여), 하나님의 약속과 명령이 말하는 위협과 위로가 예증된다. 루터의 말에 따르면, 모범 없이 하나님을 믿는 것은 어려운 일이다.[47] 이는 시편이 매우 사랑받는 이유이기도 하다. 모범은 예화보다 훨씬 많은 것을 포함한다.

게다가 우리는 모범이라는 말이 성경 이야기 속에 등장하는 인물(혹은 세대)의 **경험**_ervaring_에서 나왔다는 사실을 주목해야 한다. 이러한 경험은 전체를 음미해 보는 시료(試料)다. 설교는 단지 하나님의 말씀을 해석하는 것뿐만 아니라 성경 이야기의 '모범'적 인물의 도움으로 인간의 경험을 다루는 일도 해야 한다. 그래서 루터는 설교

---

46. 참조. G. Ebeling, _Evangelische Evangelienauslegung_, 1962², 231.
47. WA 40/II, 595. 참조. H. Bornkamm, _Luther und das Alte Testament_, Tübingen 1948, 21. 그래서 사람들이 성인에게 경배하는 것을 반대하지만, 그들을 기념하는 것은 계속 유지하고자 하는 것은 이해할 만한 일이다. 참조. CA, art. 21 그리고 Apologie, art. 21 (_BSLK_ 83b, 317이하, 322, 325).

가운데 신자의 **분투**_aanvechting_와 **인내**_volharding_를 논의하는 여지를 마련하였다. 모범은 신자의 마음으로 들어가는 입구를 찾는 역할을 한다.[48] '모범'은 삶을 **반드시**_moet_ 어떻게 살아야만 하는가[49]뿐만 아니라 또한 삶이 현실 속에서 어떻게 진행되는지도 보여준다. 삶의 거울이 우리 앞에 놓여 있다. 게다가 모범은 우리로 하여금 성도의 참된 교제 속에 살아가게 한다.[50] 신앙 때문에 우리가 최초로 고난 받은 사람들은 아니다.

우리가 특별히 주목해야 하는 것은 루터가 예수 그리스도에 관한 역사적 이야기와 관련하여 그 이야기의 '**모범적**'_exemplarische_ 기능을 가리키는 데 주저하지 않았다는 사실이다. 하지만 이 사실을 확인하는 순간, 우리는 루터가 이 점에 대해 특별하게 보증하고 있다는 것을 기억해야 한다. 왜냐하면 사람들은 예수 그리스도의 이야기를 너무도 쉽게 고상한 성자의 역사_historie_로 바꾸어 놓기 때문이다! 루터는 중세의 전통으로부터 그리스도의 역사_geschiedenis_를 대하는 이러한 방식을 너무도 잘 알고 있었다. 그리스도의 수난은 예배에 참석한 교인들이 눈물, 금식, 자기 견책과 모방을 통해 그리스도

---

48. 참조. D. Rössler, *Beispiel und Erfahrung. Zu Luthers Homiletik*, in D. Rössler, (ed.), *Reformation und Praktische Theologie* (Festschrift W. Jetter), Göttingen 1983, 202-215.
49. G. Ebeling, *Evangelische Evangelienauslegung*, 439이하.
50. *Vorrede zum Psalter*, 1528. 그리고 *zu den Propheten*, 1532, 참조. ed. K. Aland, V, 26, 35.

와 함께 고난을 받는 '동정'compassio을 목적으로 그들의 눈앞에 그려졌다. 모범이 되시는 예수는 사실상 수도원에서 비로소 성취되었다. 이러한 방식으로 모범의 개념은 특정한 때에 의로운 행위라는 맥락 안에서 기능하기 시작하였다. 루터의 분노를 불러일으킨 것이 바로 이 dit 모범주의exemplarisme였다. 왜냐하면 그리스도에 대한 설교는 거룩한 인간적 행위를 그 목적으로 할 수 없기 때문이다!

따라서 루터는 이 점에서 자신이 어거스틴에게서 차용한 하나의 구별을 적용하였다. 그것은 **성례**sacramentum와 **모범**exemplum 사이의 구별이다.

성례sacramentum는 그리스도께서 자신의 고난 가운데 신자를 위하여 유효하게 행동하셨다는 것을 가리킨다. 이것은 고난의 유익과 열매를 포함한 역사historie다. 사도 바울이 로마서 6장에서 우리에게 묘사했듯이, 그리스도 자신이 그분과 우리 사이에 다리가 놓였음을 보증하신다.

그리스도의 죽으심이 우리의 것이 되는 것은 우리의 죽음(수도사의 고행처럼!)을 통해서가 아니라, 우리 죽음의 방식을 통해서 우리의 소유가 된다.[51]

그리스도의 사역의 이러한 성례적 권능이 보장될 때, 아무런 염려 없이 그리스도의 사역의 모범적 권능을 언급할 수 있다. 루터에게 있어 이것은 그리스도의 죽으심과 부활이 우리로 하여금 **그리스**

---

51. G. Ebeling, *Evangelische Evangelienauslegung*, 441.

도를 본받아*navolging van Christus* 신앙과 사랑의 삶을 살도록 부른다는 사실 안에서 발견된다. 하지만 이러한 모범적 성격은 성례적 기능을 통하여 그리고 그 후에야 비로소 발생한다.

루터는 이미 1516년 그리스도에 관한 설교에서 이러한 방식을 언급하였다. 포로된 자는 성례적 사역을 통해 자유케 되고 새 사람으로 거듭난다. 자유롭게 된 사람은 모범을 통해 옛 사람을 죽여야 한다.[52]

이 이야기는 우리에게 교훈을 준다. 그리스도의 사역의 독특한 성격은 그분의 삶과 죽음의 모범적 성격을 제거하지 않고 오히려 지배한다. 이로써 루터는 속죄를 위한 보증에 대한 설교를 위해 중세의 '동정'compassio 설교를 종결시키는 기초를 놓았다.

하지만 루터의 새로운 통찰이 지닌 중요성은 거기서 더 나아간다. '모범'은 '본받음'을 요구하는데, 이는 마치 '본받음'이 '모범'을 필요로 하는 것과 마찬가지다. 누구든지 아무런 말도 없이 모범을 금하는 사람은 그리스도를 **본받으라***navolging*는 성경의 분명한 요구(요 13:15; 15:12; 벧전 2:21)를 어떻게 취급해야 하는가의 질문에 직면

---

52. *WA* 1, 77. 참조. 또한 1519년의 성탄 설교(*WA* 9, 439-442), 1522년의 *Kirchenpostille* 서문(*WA* 10/I, 11), 그리고 1524년 강림절 설교(*WA* 15, 777). 마지막에 언급된 설교에서 루터는 다음과 같이 말하였다. "누구든지 그리스도를 단지 모범으로만 보는 사람은 그를 새로운 율법 수여자로 만드는 것이다. 이것은 우리를 그리스도로부터 멀어지게 하는 마귀의 술책이다." 또한 1542/43년 겨울에 루터는 자신의 『탁상담화』(*Tischreden*)에서 이것에 대해 분명하게 밝혔다(*WA* Ti 5, 216, no 5526, 골 1:24의 해설과 연관하여).

한다. 그리스도는 그 누구도 따라할 수 없는 독보적인 길을 걸으셨다. 하지만 그 유일성 안에서 그는 동시에 우리를 위한 하나의 **모범** voorbeeld을 남겨 놓으셨다. 우리는 그리스도 안에서 계시된 사랑 안에 머물러야만 한다.53

중보자라는 그리스도의 독특한 직분은 모범으로서의 그리스도와 대립하지 않는다(벧전 2:21-24). 하지만 '모범으로서의 그리스도'는 그분의 이름을 쉽게 오용할 수 있다. 그렇게 되면 예수는 신비적, 금욕주의적, 혹은 혁명 운동의 상징으로 혹은 거룩 이상주의자의 모범으로 전락한다.54

'모범'은 개인주의와 경건주의의 손에 빠질 수도 있다. 또한 '모범'은 예화로 약화될 수도 있다.55

따라서 로마서 6장을 참고하는 것이 매우 중요하다. 그리스도와의 교제에 접붙이는 것은 세례다. 그 세례 가운데 중보자이신 그리스도는 우리를 통치하시고, 그와 동시에 우리는 회개의 삶 가운데

---

53. 그리스도를 본받는 것은 그리스도께 '복종함'보다 더한 다른 어떤 것이다(W. Michaelis in *TWNT*, 4 661-678). 이 점에 관하여 미카엘리스에 대해 많은 반대가 일어났다. 참조. 예를 들어, G. C. Berkouwer, *Geloof en heiliging*, Kampen 1949, 146-148. 그리고 E. Larsson, *Christus als Vorbild*, Uppsala 1962, 16.
54. 우리는 이것에 대한 개관을 다음에서 보게 된다. F. Frerichs in *ELK* 2, 1495이하. E. Lohse, E. Kähler & N. H. Søe in *RGG* 4, 1286이하.
55. 헤르만 바빙크(Herman Bavinck)에 의하면, "사도들에게 있어 그리스도의 모범은 하나님의 율법이 우리에게 요구하는 지극히 중요한 미덕, 특히 사랑의 미덕에 대한 유익한 예시였다." H. Bavinck, *De navolging van Christus en het moderne leven*, Kampen 1918, 21.

그리스도와 함께 죽고 부활하도록 부름받는다.[56]

이러한 고찰들의 맥락에서 우리는 마지막으로 또한 독특한 구속사적 상황 자체가 그 속에 등장한 인물들의 모범적 기능을 배제하지 않는다는 것을 이해하게 된다. 그것은 그들과 우리 사이의 연결이 설교 가운데 어떻게 이루어지는가에 달려 있다. 아브라함은 구속사의 독특한 임무와 위치를 지녔으나, 그는 우리로 하여금 그 뒤를 따르도록 이 땅에 그의 자취를 남겼다(롬 4:12). 사도들(고전 4:16; 11:1; 엡 5:1; 빌 3:17; 살전 1:6; 살후 3:7, 9)과 앞서 간 증인들(히 13:7)도 마찬가지이다.

요약하자면, 누구든지 그리스도와 그리스도와의 교제 가운데 살았던 자를 본받기를 설교 속에 구체적으로 언급하기를 원하는 자는 결코 모범을 제거할 수 없을 것이다. 모범이 종종 개인주의적으로 그리고 도덕주의적으로 사용되지만, 그렇다고 해서 우리가 모범을 제거할 것이 아니라 오히려 성경 이야기의 사건과 인물의 '모범적' 성격을 보다 더 정확하게 정의하는 것이 필요하다.

칼빈과 모범

1940년대 초반의 논쟁에서 칼빈의 설교는 특별히 주목의 대상이

---

56. 루터는 이렇게 말했다. "본받음이 아들들을 만든 것이 아니라 아들됨이 본받는 자들을 만들었다"(Non imitatio fecit filios, sed filiatio fecit imitatores). F. Frerichs의 작품에서 인용됨.

었다. 다우마(J. Douma Azn, 1881-1942, 1923년 이후로 브릿숨[Britsum]의 개혁파 교회 목회자였다)는 「더 헤라우트」*De Heraut* 지에 '**역사적 재료에 대한 칼빈의 설교**'*Calvijns prediking over de historische stoffen*에 대해 많은 글을 기고했다(1941년 3월 2일 - 4월 27일). 나중에 다우마는 자신의 첫 번째 연재 기사에 대한 반응에 응답하기 위해 다시 이 주제로 돌아와 **모범적 설교***Exemplarische prediking*라는 제목 하에 일련의 기사를 연재했다(1941년 12월 14일 - 1942년 4월 5일, *Heraut* no. 3292-3300 그리고 3333-3349). 이 기사들은 매우 가치 있는 정보들을 담고 있다. 다우마는 칼빈의 설교에 나타난 많은 증거로 홀베르다를 비롯한 이들에 의해 실격 판정을 받은 '모범적' 설교가 칼빈의 정상적 설교 방식이었음을 보여주었다. 칼빈은 자신이 그렇게 말한 바, 역사를 '인생의 교사'라 부르는 전통에 서 있었다. 그런 의미에서 그는 (예를 들어) 자신의 로마서 4:23 주석에서 그렇게 말했다.

따라서 다우마는 구속사적 설교와 모범적 설교에 관하여 홀베르다, 판 엇 피어, 그리고 판 데이크D. van Dijk, 1887-1985의 양자택일과 대조적으로 둘 다 택해야 한다고 호소하였다. 그는 자신의 논의에서 무엇보다 야고보서 5장, 히브리서 11장 그리고 고린도전서 10장의 친숙한 본문을 다루었다. 칼빈과 관련된 그의 주장은 매우 확신에 차서 판 데이크D. van Dijk는 이 점에 관하여 명백히 칼빈과 거리를 멀리 두었다고 말했다. 그와 관련하여 판 데이크D. van Dijk는 칼빈이 새로운 발전의 초기 단계에 서 있었을 뿐임을 우리가 잊어서는 안 된다고 지적하였다. 판 데이크에 의하면, 칼빈의 방법은 틀렸고 실수에 기초하였다. 칼빈은 그리스도가 중심점에 선 것을 보지 못했다. 따라서 판 데이크는 우리가 모범적 설교에 '말씀의 봉사'라는 술어를 부여하지 말아야 한다고 주장했다.

칼빈의 설교 방법이 다양한 결점을 갖고 있다는 것을 부정하기란 어렵다. 그의 설교는 매우 분석적이어서 본문의 매 구절은 교회에 대한 특별한 경고, 권면 혹은 위로를 주는 반면, 본문의 목적은 종종 관심의 초점이 되지 못하였다.

이러한 설교 방식에 관하여 할 말이 많지만(정당화를 위하여), 우리는 현 시점에서 더 이상 논의하지 않으려 한다. 칼빈은 진실로 '모범적으로' 설교하였고, 또한 판 데이크에 의해 정당하게 거부되었던 방식으로 설교했으나 판 데이크 자신은 결코 독단에서 자유롭지 못했다.[57]

그럼에도 불구하고 우리는 이러한 해설에 몇 가지 관찰을 더하고자 한다.

우리의 확신에 따르면, 1941년 논쟁에서 칼빈이 차지하는 역사적 위치를 온전하게 평가하려는 시도가 없었다고 생각한다. 칼빈을 공정하게 평가하려면, 칼빈을 루터에 의해 주어진 관점에서 보아야 한다. 칼빈을 20세기 신학의 관점에서 평가하는 것은 (구속사에 대한 논

---

57. 우리는 칼빈이 단 한 번도 모범적 설교를 한 적이 없다는 판 데어 펙흐트(W. H. van der Vegt)의 진술을 그대로 따를 수 없다(*Enkele opmerkingen over de prediking van Calvijn*, in *Homiletica* 2 [1941-1942], 31). 판 데어 펙흐트는 칼빈의 설교집 출판시 다우마(J. Douma)의 협력자였다.

쟁에서!) 역사적 인식이 거의 없다는 것을 보여준다. 왜냐하면 20세기 신학은 어쨌든 19세기에 처음으로 학문적 위치를 획득했던 역사적 방법과 분리될 수 없기 때문이다.

루터의 관점에서 칼빈을 살펴본다면, 우리는 여러 가지 일을 칼빈의 공적이라고 할 수 있다. 칼빈은 알레고리적 성경해석에 대한 필연적 분리를 루터보다 더 심각하게 주장했다. 루터는 때때로 알레고리적 해석법에 담긴 유희적 요소와 결별하기가 힘들었다.[58] 칼빈은 **당시**destijds와 **현재**nu 사이의 역사적 거리를 훨씬 더 크게 감지했고, 게다가 옛 언약과 새 언약 사이의 **비교적 관계**comparatieve verbouding(= 더 적은 - 더 많은 관계)도 인지하였다.

루터는 율법과 복음에 대한 그의 엄격한 도식 때문에 이러한 통찰을 가질 겨를이 없었다. 옛 언약 가운데 믿음으로 살았던 사람은 누구나 그리스도인이었다. 새 언약 가운데 행위 안에서 자신의 구원을 추구한 사람은 누구나 유대인이었다.

루터에게는 역사적 거리를 전적으로 부정하는 모습이 자주 나타난다. 동시에 루터는 구약 이야기에 담긴 그리스도의 직접적 현존의 분위기와 기독교 교리를 언급한다. 루터는 하나님의 계시를 명료하게 보기보다 집중적으로 보았다.[59]

58. 참조. H. Bornkamm, 79이하.
59. 참조. W. J. Kooiman, *Luther en de bijbel*, Baarn 1961², 150-153.

이와 대조적으로 칼빈은 하나님의 은혜에 대한 구약의 특이성과 신약의 실재 사이의 안정적인 균형을 발전시켰다. 그는 두 경륜의 통일성과 차이를 말할 수 있었고, 이 두 가지 모두를 정당하게 취급하고자 노력했다. 칼빈은 로마 가톨릭 신학에 대항하여 그 차이를 주장했고, 영지주의적 성경관과 재세례파의 성경관에 대항하여 통일성을 주장했다. 그래서 칼빈은 루터가 성경 본문의 언어학적이고 역사적인 측면을 무시한 채, 그 본문에서 '열매를 맺는 교리'를 도출하는 데 너무 성급하다고 생각하였다. 그렇기 때문에 칼빈은 기독론적 해설과 관련하여 주석가와 설교자로서 훨씬 더 주의를 기울였다. 창세기 3:15에 대한 그의 주석은 그러한 태도를 보여주는 전형적인 모습이다(칼빈의 견해에 따르면, 여자의 '씨'는 집합 명사다).[60]

게다가 칼빈은 구원의 계시 안에 있는 하나님의 교수법 pedagogie에 대한 숙련된 안목을 지녔다. 모든 교사가 학생을 양육하기 위한 맥락에서 모범을 사용한다. 따라서 하나님께서도 모범을 사용하신다.

칼빈이 '모범'exemplum이라는 단어를 사용할 때, 이 단어는 그에게 있어서 '예시적' 혹은 '경책하는' 모범보다 훨씬 더 많은 것을 의미한다. 그는 이 단어를 종종 '증거자료'documentum 혹은 '거울'speculum, '표상'typus 혹은 '규칙'regula의 동의어로 사용하고, 신

---

60. 참조. 1540년 5월 19일 스트라스부르(Straatsburg)에서 피렛(P. Viret)에게 보낸 칼빈의 편지 (CR 39, 36).

약성경의 계시와 연관하여 비교의 관계에 서 있는 것으로 여긴다.[61]

의심할 여지없이 칼빈은 탈선하였다. 판 데이크가 칼빈의 적용이 지닌 독단에 대해 불평했을 때,[62] 그는 확실히 옳았다. 하지만 칼빈의 출발점은 전적으로 건전하였다. 성경의 역사적 이야기는 우리와 연관되는데, 왜냐하면 우리는 그 당시 이스라엘 백성과 마찬가지로 하나님의 아들 독생자 아래 살기 때문이다. 우리는 옛 언약의 백성과 함께 하나의 교회 안에 그리고 동일한 하나님 앞에 서 있다.[63]

우리는 칼빈에게서 구속사에 관한 체계화된 교리를 발견하지 못하고, 다만 구속사적 '체계'만 허용되는 것을 발견한다. 그것에 대해 우리는 단지 감사할 뿐이다. 하지만 칼빈이 때때로 모범을 자의적으로 사용하기 때문에 그가 매 개념의 구속사적 연계성을 부인한다고 생각하는 것은 전적으로 정당하지 못하다. 칼빈은 이야기 재료를 취급하는 개혁주의 설교가 오늘날에도 여전히 발견할 수 있는 토대를 놓았다. 우리의 과제는 '모범'이라는 단어에 대해 지나치게 예민한 태도를 취함으로써 칼빈이 모범을 매우 성경적으로 자주 사용했다는 것을 간과해서는 안 된다는 사실이다.

(4) 마지막으로, **모범** exemplum에 대한 잘못된 평가가 가져온 나쁜

---

61. 볼프(H. H. Wolf)는 하나의 개관을 제공한다. H. H. Wolf, *Die Einheid des Bundes. Das Verhältnis von Altem und Neuem Testament bei Calvin*, Neukirchen 1958, 143이하.
62. *PE*, 1941년 6월 28일.
63. 출애굽기부터 신명기까지의 책에 대한 칼빈의 주석 서문.

결과는 1940년 이후로 교회의 실천 속에 나타났다. 이로 인해 '모범'이라는 단어는 일반적 의미에 있어서 부정적 색채를 띠었다. '모범적'이라는 말은 한 인물이나 사건이 '모범'으로 교회에 제시되었던 설교를 가리키는 치욕의 부정적 묘사가 되었다. 그것은 성경적 설교를 위한 투쟁에서 비롯된 의도하지 않은 결과였다.

하나님의 말씀이 경책의 의미로 어떤 사람의 마음에 부과되자마자, 그 경책을 '모범적 성경 사용'이라고 명명함으로써 그 경책의 힘을 깨뜨리려는 유혹이 생겨난다. 이 점에 관한 가장 유명한 실례는 스킬더K. Schilder가 말라기 1:10 상반절에 대한 성경 묵상에서 궁극적으로 이 본문 말씀의 예리한 칼끝을 종교지도자들에게 겨누었을 때, 베르카우어G. C. Berkouwer, 1903-1996가 이것을 두고 '주해의 쇠퇴'라고 언급했을 때 발생했다.⁶⁴ 베르카우어는 이러한 불평 가운데 구속사적 방법의 위대한 투사가 이제는 직접 기꺼이 모범적 방식으로 성경을 해석했다고 함으로써 자신의 주장을 강화하였다.

기드온에 대한 1949-1950년 홀베르다의 설교에 대해서도 동일하게 언급할 수 있다.⁶⁵ 거기서 홀베르다는 성경 이야기의 시사성(時事性)을 예리하게 조명하였다. 하지만 이 설교들은 그 이후로 홀베르다 자신이 더 이상 이 두 가지 설교 방법(구속사적 설교와 모범적 설교)

---

64. 참조. *Ref.*, 21 (1945-1946), 348 (*SO* III, 176). S. Greidanus, *Sola Scriptura*, 52이하. K. Runia, *Het hoge woord in de lage landen*, Kampen 1985, 123. 그리고 *Ref.*, 45에 게재된 나의 관찰들 (1969-1970), 345.
65. *Een levende hope*, deel II: *Toen ontwaakte de Heere*, Enschede 1953.

사이의 구별을 지지하지 않는다고 증언하는 데 사용되어야 했다. 하지만 우리가 생각하기에, 오히려 당시 그의 설교와 강의안은 이것과 정반대임을 증명한다.[66]

그럼에도 불구하고 발생한 사건은 유익하다. 폭이 좁고 부정적으로 채색된 '모범'의 개념은 1940년 '모범적'이라는 용어를 만들었던 바로 그 사람에 반대하여 사용되었다.

스킬더H. J. Schilder는 이미 일찍이(즉 1950년) '모범적'이라는 서술 용어의 이러한 오용에 주목했다. 그는 이러한 오용의 위험을 보았고, 목회자로서 자신의 교회에 이 위험에 대해 주의하라고 경고했다. 이것과 관련하여 그는 호소와 촉구를 포함한 구체적인 설교를 부정적으로 묘사하는 '모범적'이라는 악의적 단어에 대한 유익한 글을 썼다. 그보다 십 년 전에 일어난 논쟁을 돌아보면서 스킬더H. J. Schilder는 이렇게 지적하였다.

모범적exemplarische 방식이 **구속사적**heilshistorische 방식에 대립되던 초기에 엄청난 대립구조가 형성되었다. **그때**Toen 사람들은 '구속사적' 설교를 말하기 시작하였다. 사실상 이 단어는 다름 아닌 논쟁의 일시적이고 분명하며 실제적인 용어였다. 왜냐하면 모든 사람이 '모범'과 '구속사'가 서로 대립되는 개념이 아니라는 것을 알고 있었기 때문이다. 결국 성경 자체도 역사 속의 '모범'을 가리킨다. … 그래서 논쟁이 진전됨

---

66. *DHR*, 21, 114-115. *EOT*, 94, 126, 137.

에 따라 이 용어는 더 정밀하게 묘사되었다. … 때때로 사람들은 이 두 용어를 구속사적-모범적인 것으로 서로 묶거나, 혹은 모범은 구속사와 연관되어 구속사적으로 이해되어야 하고 모범 자체를 가리키는 성경의 방식에 따라 해석되어야 한다고 그 의도를 명시하였다.[67]

1940년 이래 '모범'이라는 단어의 사전적, 주해적, 역사적 의미와 그 유용성에 대한 조사를 통해 단 하나의 결론만 도출될 수 있다. 우리는 반드시 '모범적'이라는 단어를 재검증하고 가능한 한 이 단어의 부정적 함의를 제거하는 데 노력해야 한다. 이것은 우리가 다시 한 번 성경 이야기가 가지는 '모범'의 기능을 고려해야 하며, 그러한 맥락에서 '예시'illustratie로서의 '모범'이라는 배타적 의미보다 더 넓은 척도를 사용해야만 한다는 것을 의미한다.

4.2.2. '구속사'에 대한 모호한 설명

우리의 두 번째 반대는 '구속사' 개념의 사용과 관련된다.

이제 오랜 세월이 지난 후 1940년대의 논쟁을 돌아볼 때, 우리는 사람들이 '구속사'라는 문구를 소개하고 사용하는 데 무관심하다는 것에 충격을 받는다. 우리가 아는 한, 사람들은 이 개념의 정확한

---

67. H. J. Schilder, *KBV*, 139-140.

내용을 명료화해야 한다는 필요를 전혀 느끼지 못했다.

우리는 이미 '구속사'라는 개념이 특정 개혁주의 개념과 전혀 상관이 없다는 것을 지적한 바 있다.[68] 다양한 형태로 이 단어를 보호하고 방어할 필요가 있다. '구속사'라는 용어는 또한 성경적 사용에 있어서도 매우 복잡한 개념으로 비치며, 하나님께서 성취하신 역사의 많은 측면을 묘사한다.

(1) 이 용어는 하나님께서 그리스도의 탄생을 향하여 가신 길과 그 목적을 성취하기 위하여 행하신 행위, 그리고 그가 자기 백성과 자기 원수에게 스스로를 계시하신 행위와 연관될 수 있다.

(2) '구속사'라는 단어는 또한 하나님께서 그 가는 길에서 진술하셨던 말씀과 연관될 수도 있다. 그의 약속과 계명, 그의 요구와 위협. 이런 경우에 '구속사'는 또한 '약속의 역사'와 '언약의 역사'로 불릴 수도 있다.

(3) 하나님께서 자기 백성에게 베푸신 사랑과 교제(그 안에 구원이 있기 때문에)를 보다 특별하게 주목한다면, 하나님과 자기 백성 사이의 그 모든 기복을 지닌 '사랑의 역사' liefdesgeschiedenis가 우리 앞에 펼쳐진다. 이 역사는 종종 '고통의 역사' lijdensgeschiedenis의 성격을 지니는데, 왜냐하면 그것은 죄의 역사이기 때문이다(참조. 시 78; 106; 신 32).

'구속사'라는 말의 범주 안에 부르심, 약혼과 결혼이 등장하고, 그 다음에 언쟁, 간음과 이혼이 나온다. 포로 생활 전에 이미 하나

---

68. 참조. 2.2.

님께서 맺으실 새 언약이 다가온다. 이런 식으로 소위 '구속사'는 우리에게 신앙과 기대, 사랑과 희생의 역사로 펼쳐지며, 동시에 실패와 결핍, 진노, 형벌과 비참의 역사로 전개된다.

(4) '구속사'는 또한 예배liturgie의 역사이기도 하다. 희생제사, 예배, 찬양, 그 백성의 성별(聖別)과 정화(淨化).

이 모든 길을 따라 하나님께서 자기 백성과 더불어 수 세기 동안 함께 진행하셨다. 이 모든 길은 시대를 거쳐 하나님께서 이스라엘과 함께 하신 길과 이스라엘이 하나님과 함께 한 길을 형성한다.[69] 구속사 개념에 관한 다양한 함의가 명료하게 진술됨으로써 이제 우리의 관점이 넓게 확장되었고 이 개념을 편협하게 사용하는 것에 대한 주의를 더 많이 기울일 수 있게 되었다.

4.2.3. 히브리서 11장에 관련된 편협함

우리의 세 번째 반대는 두 번째 반대와 연관된다. 중요한 본문인 히브리서 11장을 취급함에 있어서 어떤 편협함이 발견된다.

이 본문은 그리스도의 오심과 연관된 길 가운데 하나를 인상적인

---

69. 우리는 이 그림 언어를 페르후프(Verhoef)의 작품과 연계한다. P. A. Verhoef, *Die weg en brug tussen Ou-Testamentiese teks en prediking*, NGTT 18 (1977), 145-157.

방식으로 묘사한다. 하나님의 약속과 그 언약 파트너의 믿음에 관한 역사로서의 구속사. 홀베르다B. Holwerda와 판 엇 피어M. B. van 't Veer는 다음의 특징을 제공하였다.70

히브리서는 믿음geloof의 주제를 다룬다. 이 주제는 역사로부터 예증된 반면, 히브리서 11:39-40에 나타난 것처럼 역사적 지평 사이의 차이가 선명하게 고려되었다.

우리 생각에, 히브리서 11장에 대한 이러한 접근은 이 성경본문의 성격이나 무게와 일치하지 않는다. 히브리서 11장은 '교리적' 성격을 주장하는 예증illustratie보다 훨씬 많은 것을 포함한다(BH, 95). 히브리서 11장은 신약 교회에게 하나님의 약속을 믿는 경험적 신앙의 힘이 무엇인지 다양한 측면에서 보여준다. 그 신앙의 힘은 수 세기에 걸쳐 수많은 사람의 삶의 과정과 인생살이에 매우 결정적이어서 그 힘에 관하여 고무적인 동시에 의무를 부과하는 증거가 오늘날 현대 교회에도 빛을 비춘다. 히브리서 11장의 이야기 묶음은 그 장에서 예증적 재료로 기능하지 않는다. 이 장은 **증명 수단과 증거자료집**bewijsmiddel en dokumentatiemap으로 기능한다. 이렇게 매우 다양한 삶의 이야기가 제공하는 명백하고 일치된 증언은 모든 시간적·지리적 거리를 뛰어넘어 신약 교회인 우리의 삶에 다가온다. 왜냐하면 히브리서 11장의 증인들은 이미 죽었을지라도 여전

---

70. *BH*, 95, *CP*, 166-167.

히 증언하고 있으며(4절), 히브리서 기자는 완전을 기하기 위해 거기에 자신의 이야기를 손쉽게 확장하여 덧붙이기 때문이다. 그러므로 우리가 히브리서 11장에서 발견하는 것은 **특징적 모범**karakteristieke voorbeelden의 모음집으로 의도되었다.

역사적 차이와 변화는 확실히 완전하게 고려되었다. 하지만 그로 인해서 이러한 삶의 이야기의 언어가 약화되는 것이 아니라 오히려 그 반대다! 히브리서 12:1-2은 명확하게 우리를 위한 균형을 제시한다. 그러므로 구속사적 비교(더 적은 - 더 많은 관계 등)는 구약적 삶의 역사의 모범 언어voorbeeldtaal에 적용될 수 있다.

만일 그들이zij 이미 그러했다면, 우리는wij 얼마나 더 그와 같이 되어야 하지 않겠는가! 결국 우리는 그들이 살았고 우리가 살아가는 유일무이한 사랑의 역사를 다루고 있다. 이 역사는 단 하나일 수 있는데, 왜냐하면 하나님의 통치와 약속과 그의 행위는 불변성과 일관성을 지니고 있기 때문이다. 따라서 그 많은 역사가 우리에게 말하고, 그들의 삶의 이야기는 우리를 위한 소리와 음성을 지닌다. 그들과 우리 사이의 역사적 거리는 심지어 모든 정보 이론 법칙과 커뮤니케이션 학문 규칙과 대조적으로 그 소리의 볼륨을 **높이기까지**toenemen 한다.

그러므로 누군가가 노아, 아브라함 혹은 모세에 관하여 설교한다면, 히브리서 11장의 가르침을 무시하기란 허용되지도 않고 불가능한 일이다. 구약 본문을 다루는 그러한 설교는 확실히 그 재료를 취급하는 다른 접근법을 지닐 것이며 다른 목적을 요구할 것이다. 히브리서 11장은 또한 구약 이야기를 다루는 모든 설교의 종착역이 아니다. 하지만 히브리서 11장이 우리에게 가르치는 바는 우리 역시 하나님의 자녀의 신앙과 분투를 조망함으로써 오늘날의 교회를 바라볼 수 있고 바라보아야 한다는 사실이다.

히브리서 3장과 4장의 구약 이야기의 사용에 관하여 동일하게 말할 수 있다. 단지 이 본문은 우리가 따라야 할 격려의 모범이 아닌 피해야 할 경고의 모범을 다룬다.

고린도전서 10:1-11에 관련하여, **본보기** *tupos* 라는 단어에 관한 모든 설명은 다름 아닌 피해야 할 **경고의 본보기** *waarschuwend voorbeeld* 를 보여주는데, 그것은 마치 성경적 사실이 우리에게 말하는 것과 같다. 6-11절은 이것을 분명하게 보여준다. 경고의 본보기가 갖는 특성은 구속사적 차이(11절)로 인해 감소되지 않고, 오히려 강화되었다. 왜냐하면 세례의 의무를 부과하는 힘(2절)과 그리스도의 임재(4절)가 그 이후로 오히려 더 커졌기 때문이다!

4.2.4. 구속사와 구원의 서정 사이의 부적절한 딜레마

우리의 네 번째 반대는 홀베르다 B. Holwerda가 특정한 시점에 **구속사** *beilshistorie* 와 **구원의 서정** *beilsorde* 사이에 초래했던 대조와 관련된다.

'구원의 서정'이란 하나님의 자녀 안에서 역사하시는 성령의 사역 전체에 대한 전통적 묘사다. 개혁주의 교의학에서 신학자들은 소명, 중생, 믿음, 회심, 칭의, 성화, 견인, 그리고 영화 같은 사안을 다루었다.

이제 구원의 서정은 당연히 구속사와 대립되지 않는다. 구원의 서정은 오히려 구속사를 완성시키는 한 부분이다. 우리는 그것을 심지어 좋은 뜻으로 구원의 개인적 구속사라고도 부를 수 있다.

그리스도 안에 있는 구속사는 소위 이러한 구원의 서정 없이는 상상할 수도 없다. 그럼에도 불구하고 그렇게 하고자 하는 사람은 구속사를 하나의 추상적인 개념으로 만든다. 그는 우리가 그 어디에서도 사람을 발견할 수 없는 구성 가운데 수많은 사실을 지니고 있다. 더욱 심각한 사실은 그가 그리스도에 대하여 이야기하되, 그리스도의 쓰임을 받는 성령은 망각한다는 것이다.

구속사를 구원의 서정의 범주 속으로 옮기는 것에 대한 경고는 전적으로 옳은 일이다. 그렇게 하는 사람은 구속사를 개인적 삶의 역사 혹은 우리가 '체득'bevinding이나 '체험'beleving 혹은 '경험'ervaring이라고 부르는 그 삶의 역사 일부에 대한 상징적인 묘사로 만든다. 그래서 우리 모두 반드시 우리의 브니엘, 우리의 (죽음의) 요단강 통과, 우리의 겟세마네, 우리의 오순절 등을 경험해야 한다. 우리는 회심 역사에 둘러싸여 살아가고, 우리는 어디서나 그러한 경험을 발견하는 것 외에 다른 것을 필요로 하지 않는다. 심지어 그리스도의 독특한 고난의 길조차 우리의 괴로운 마음을 보여주는 예시가 된다.

구속사와 구원의 서정 사이를 분별하지 못하는 사람은 예를 들어 '성령의 세례'와 같은 일을 결코 이해할 수 없을 것이다. 그는 '믿음'이 아직 오지 않았던 때가 있다(갈 3:23, 25)는 사도의 말을 이해할 수 없을 것이다.

따라서 구속사와 구원의 서정 사이의 차이를 예리하게 구분하는 것이 매우 중요하다. 이러한 구분은 단지 우리 자신의 성경 읽기를 보호할 뿐만 아니라 모든 종류의 분파적 혹은 경건주의적 성경해석에 대한 방어도 제공한다.[71]

하지만 이런 참된 고찰이 우리로 하여금 구속사 안에서 각 사람이 자신의 고유한 자리와 기능을 차지하는 반면, 구원의 서정은 '각 사람에게 동일하다'(BH, 앞서 인용된 책)고 주장할 권리를 주지 않는다. **동일한**identieke 구원의 서정에 관하여 반드시 언급해야 한다면, 어떻게 각 사람이 **고유한**eigen 자리와 기능을 가질 수 있단 말인가? 사실상 홀베르다는 여기서 심각한 실수를 저지르는데, 이 실수는 단지 구원의 서정을 비역사적a-historische 교의학에서 차용된 무시간적 개념으로 여기는 주목할 만한 견해로 설명할 수 있을 뿐이다. 개념으로서의 '그' 회심은 진실로 어디서나 동일하다. 하지만 그 회심은

---

71. 우리는 네덜란드 제2차 종교개혁 안에서 발생한 구속사의 내면화와 개인화를 염두에 두고 있다. 이런 경우 그리스도인의 신앙의 역사는 구속사에 대한 하나의 개인적 적용으로 구성되었다. 참조. C. Graafland, *Heeft Calvijn een bepaalde orde des heils geleerd?*, in J. van Oort e.a. (red.), *Verbi Divini Minister* (feestbundel voor L. Kievit), Amsterdam 1983, 126.

역사상 그 어디에서도 가리킬 수 없다. 아브라함, 다윗, 사도, 중세 시대의 신자, 20세기 네덜란드 찬송에 대한 이야기를 마음에 그려 볼 때, 우리는 역사적 차이가 얼마나 심각하게 소명, 회심, 성화, 견인에 영향을 미쳤는지 감지할 수 있다. 각 사람의 삶의 이야기의 핵심, 즉 자기 백성을 향한 지속적인 하나님의 사랑은 확실히 동일할 것이다. 하지만 그 사랑이 수많은 인생 가운데 모든 시대와 많은 나라에서 다양한 방식으로 모양을 취한 것은 바로 다양한 형태를 지닌 역사의 풍부함이다. 우리는 구원의 서정에 대한 구속사적 취급을 필요로 한다.

그래서 우리는 로마서 6장과 8장에 기록된 사도적 가르침의 깊이를 이해하게 될 것이다. 즉, 그리스도 안에 있는 우리의 접붙임과 이러한 그리스도의 성령을 통한 삶을 이해하게 된다. 홀베르다가 **구속사의 맥락 안에 있는** 구원의 서정에 대한 스킬더(K. Schilder)의 변호를 자신의 것으로 삼았더라면, 그는 이 점에 있어서 실수하지 않을 수도 있었다.[72]

마지막으로, 홀베르다가 이러한 맥락에서 필로philo를 언급한 것은 우리에게 전적으로 부적절한 것으로 비친다(*BH*, 앞서 인용된 책).

필로가 범한 실수는 구속사를 구원의 서정으로 옮기는 것보다 더 심각한 것이었다. 후자의 실수는 17세기와 18세기의 많은 개혁파 설교자가

---

72. *Ref.*, 11, 382.

범한 것이다. 하지만 필로는 다른 것을 옮겼다. 필로는 구원 자체를 살아게신 하나님, 계시된 이스라엘의 하나님과의 교제로부터 그리스 미덕의 가르침과 영지주의적 천국 여행의 방향으로 옮겨 놓았다. 이로 인하여 역사적 모범은 알레고리적 상징이 되었다.[73]

4.2.5. 과대평가된 '점진'(voortgang)과 과소평가된 '교제'(omgang)

바로 앞서 언급한 반대와 연관하여 우리의 비평적 고찰은 다음과 같다. 그것은 **구속사를 그리스도 안에서 그리고 그리스도를 향한 단 하나의, 계속 전진하는 하나님의 사역으로 축소하는 것**과 관련된다.

이 축소는 그러한 전진에 대한 통찰에서 도출된 결론으로부터 드러난다. 우리는 하나님께서 그리스도 안에서 아브라함과 엘리야를 비롯한 사람들에 대하여 어떤 의미를 갖는지 물어서는 안 된다. 왜냐하면 그렇게 질문할 경우 그리스도 대신에 **그리스도인**christen이 중심점을 차지하기 때문이다. 그래서 하나님이 오시는 그리스도 안에서 아브라함에게 어떤 중요성이 있었는지 참되고 멋진 것이 많이 언급될 수 있는데, 이것은 하나님이 오셨던 그리스도 안에서 우리에게 어떤 의미를 갖는지 평행선을 긋기 위한 것이다. 하지만 이러한 바람직하지 않은 평행주의parallellie를 피하려면, 우리는 반드시

---

73. 참조. 필로(Philo)에 대한 콜러(J. L. Koole)의 예리한 판단, in *De overname van het Oude Testament door de christelijke kerk*, Hilversum 1938, 244이하.

단 하나의, 계속 앞으로 전진하는 하나님의 사역을 위하여 아브라함과 엘리야를 비롯한 사람들의 의미와 임무에 대해 질문해야 한다 (*BH*, 90, 93).

우리는 이러한 설명을 다소 이해할 수 없는 문장으로 생각한다. 그 설명이 제시하는 하나의 추론은 그러한 '평행'parallel만이 아브라함에게 행하신 하나님의 사역과 우리 사이를 일치시키는 것을 가능하게 하기 때문이다. 하지만 성경은 우리에게 아브라함과 그리스도의 **자취***spoor*와 **발자국**(*voetstappen*, 롬 4:12; 벧전 2:21), **증거**(*getuigenis*, 히 11; 히 12:1-3), 그리고 **경고의 본보기**(*waarschuwend voorbeeld*, 히 4; 고전 10)에 관하여 언급한다.

만일 우리가 홀베르다의 강연에서 인용된 문장을 진지하게 다룬다면, 아브라함과 엘리야를 비롯한 사람들에 대해 설교할 때 우리는 유일하게 그리스도 안에 있는 하나님의 사역을 위한 이 사람들의 중요성과 임무에 관해서만 질문해야 한다. 이런 경우 구속사는 구약 신자들의 임무와 기능에 대한 역사가 되어버린다. 이것은 하나님의 언약의 구조와 전적으로 모순되고, 그 언약 속에서 일하시는 그리스도와 성령의 사역에 대한 몰지각한 부정이다. 우리는 홀베르다가 이러한 결론을 원했다거나 고안했다고 상상하기 어렵다. 그의 설교는 전혀 다른 방향을 가리키고 있다! 그럼에도 불구하고 판 엇 피어가 이런 의심스런 진술을 지지했다는 것은 유감스러운

일로 남아 있다.[74]

위의 단락과 연관하여 우리는 또한 구속사 속에 있는 **인간**mens에 대한 비현실적onwezenlijke 딜레마를 반대해야 한다. 그 설명 가운데 심리학적 측면을 명백히 거부하는 것을 발견한다. 홀베르다와 특히 판 엇 피어는 성경의 역사 속 인물과 우리 사이의 심리적 일치에 기초한 평행선을 긋는 것에 대해 강력히 반대하였다. 이런 방식으로 성경을 취급하는 사람은 성경을 자기를 위해 사용하는 것이다. 하지만 그렇기 때문에 엘리야의 영혼이 그의 옷만큼이나 우리에게 중요하다는 판 엇 피어의 주장은 여전히 정당성을 얻지 못한다(CP, 150-151). 왜냐하면 하나님께서는 **사람들을** 구속사 안에서 다루시기 때문이다. 그리고 사람이란 하나의 영혼이며, 그는 그 영혼의 싸움을 경험한다. 그는 시련을 경험하고 때때로 바랄 수 없는 중에 바라기도 한다(참조. 롬 4:18). 이것은 하나님의 약속과 계명이 사람의 삶에 들어올 때 나타나는 특징이다. 이러한 수준에서도 역사의 통일성이 드러난다. 그렇기 때문에 야고보서 5장은 신약의 신자들에게 아무런 거리낌 없이 선지자, 욥과 엘리야의 본을 따르라고 가르친다. 엘리야와 우리는 평범한 인간의 차원에서 서로 연관된다고 야고보서 5:17은 뚜렷하게 선언한다. 이런 맥락에서 엘리야와 우리 사이의 차이점을 찾는 것은 별로 의미가 없다. 따라서 이 점에 관한 반대를

---

74. CP, 160.

향한 판 엇 피어의 변호는 거의 설득력이 없다.[75] 비록 이것이 열왕기상 18장에 나타난 하나님의 계시의 특별한 의도는 아니라 할지라도, 따라서 열왕기상 18장에 관한 설교에서 야고보서 5장의 가르침이 그와 같이 논의될 수 있다. 따라서 본문의 고유한 목적에 속하지 않는 것이 모두 설교에 포함되지 말아야 할 필요는 전혀 없다![76]

이 점에 있어서 우리는 역사에 대한 심리학적 혹은 '인간적' 접근처럼 보이는 모든 것에 반대하는 어떤 형태의 '과잉 반응'over-reaktie을 논의해야 한다고 생각한다. 이러한 반응은 우리가 당시 어떤 설교에 포함된 도덕적 나태 혹은 주관주의를 고려했을 때 이해할 만하다. 우리는 또한 당대에 다시 기승을 부리던 윤리 신학 진영에 의해 선전되었던 '경험'과 '기독교인의 성품'에 관한 사상을 생각할 수 있다. 하지만 '인간성'을 추구하는 어떤 사고에 대한 편협한 반대는 이러한 고찰을 통해 설명할 수 있다 할지라도 정당화될 수는 없다. 그래서 사람들이 훅스트라T. Hoekstra의 견해를 수용하지 않으려 했다 할지라도, 그들은 1920년대 스킬더K. Schilder의 더 넓은 통

---

75. 1941년 10월 11일의 *PE*에서 판 엇 피어가 쓰기를, 야고보서 5장은 주님께서 자기 백성의 기도에 관하여 무엇을 행하시는지 우리에게 가리키고자 한다고 적었다.
76. 본문을 다룰 때, '목적'(scopus)과 '적용(usus)' 사이에 구별이 있어야 한다. 이 '적용'에서 사람들은 이러한 '적용'을 본문의 주해 내용이나 의도와 동일시하지 않은 채 본문의 이야기를 사용한다. 이러한 구분은 '성경의 증거'와 '성경의 사용' 사이를 구분하는 것과 유사하다. 이러한 설교학적 이슈는 필자의 『설교』(*De preek*³, Kampen, 1986)라는 책의 부록('구약의 이야기 재료에 대한 설교 준비에서의 작업방법' { *Werkmethode bij de voorbereiding van prediking over oudtestamentische verhalende stof* } 에서 광범하게 취급되었다. C. Trimp, *De preek*³, 고서희, 신득일, 한만수 공역, 고재수 감수, 『설교』 (서울: 기독교문서선교회, 1996²).

찰력을 배울 수 있었다! 그리고 다행스럽게도 (예를 들어) 기드온을 다룬 홀베르다 자신의 설교 역시 실제적으로 '영혼'과 '옷'을 같은 수준에 놓으려는 방법론적 원리가 얼마나 시행하기 힘든 것인지 보여주었다.

이 모든 것 가운데서 우리가 발견한 피할 수 없는 사실은 사람들이 (오시는) 그리스도 안에서 행하시는 하나님의 사역은 많이 숙고했지만, 성경이 우리에게 들려주는 이야기의 사건 속에서 일하시는 성령 하나님의 사역은 거의 탐구하지 않았다는 것이다. 우리가 판 엇 피어의 주장을 올바르게 이해할 때, 이러한 **역사적**^{historische} 재료들은 우리에게 역사 서술에 등장하는 특정 인물의 신앙의 투쟁을 **심리학적**으로^{zielkundig} 묘사할 권리와 가능성을 주지 않는다.

판 엇 피어는 예를 들어 다윗이 우리와 동일한 영적 투쟁에 속하였다는 것을 부정하지 않는다. 우리가 시편을 설교한다면, 우리는 영적 싸움에도 관심을 기울어야 한다. 하지만 역사적 재료를 취급할 때 우리는 아브라함과 다윗을 비롯한 사람들의 영적 경험과 우리 사이에 선을 그어서는 안 된다. 거기서 우리는 반드시 그들의 역사를 그리스도께서 세상에 오시는 단일한 역사의 한 부분으로 보아야 한다.

우리는 여기서 비현실적이고 옹호할 수 없는 모순에 직면함을 느낀다.

그리스도께서 오신다는 엄청난 소식은 구약의 경륜 가운데 단지 사실로 드러났을 뿐만 아니라 인간의 영혼에도 영향을 미쳤다. 인간 영혼에 미친 이러한 영향은 그리스도 안에서 자신의 세계를 구원하기 원하시는 동일한 하나님에 의해 촉발되었다. 따라서 판 엇 피어가 우리로 하여금 **역사적 유대**<i>historische band</i> 혹은 **심리적 일치** <i>psychische overeenkomst</i>로부터(CP, 160) 혹은 **그리스도 안에서** <i>in Christus</i> 자신을 계시하신 한 분 하나님에 대한 **신앙고백**<i>geloofsbelijdenis</i> 혹은 **심리학적 사건들**<i>psichologische gebeurtenissen</i> 가운데 하나를 고르라고 말하는 것은 사실 딜레마가 아니다(CP, 166).

성자가 구약성경에서 활동했음이 참된 것처럼, 성령께서 확실히 성자로부터 자기 백성에게 나아가셨다. 성령 하나님은 예언을 통해 자기 백성에게 다가오지만, 또한 온갖 종류의 분투와 시련에 대한 그들의 인식, 기대 그리고 승리 가운데서도 다가오신다. 이 모든 것은 심리학을 훨씬 넘어서는 것이지만, 삶의 심리적 측면을 배제하지는 않는다. 특히 판 엇 피어로부터 우리는 영혼의 경험을 포함하여 인간은 역사, 즉 하나님의 역사적 목적을 위해 쓰임 받고, 성경의 역사적 재료를 다룰 때 오직 이러한 관점에서만 취급될 수 있다는 인상을 받는다. 성경 이야기 속의 모든 요소는 단지 하나의 목적을 위해, "그 시간에 그리고 그 사람을 통해 그리고 그 상황 속에 나타난 하나님의 계시는 예수 그리스도 안에 있는 계시로서" 쓰임 받는다(CP, 151). 판 엇 피어에 따르면, 우리는 계속 질문해야 한다. "그리스도는 자신의 오심 가운데 있는 그 **특정 부분**<i>dat bepaade gedeelte</i>에서 **어떻게**<i>hoe</i> 자신을 계시하는가?"

우리의 통찰에 따르면, 이것은 구속사의 계시사적 축소다. 물론 하나님께서 그와 같이 행하셨고 일차적으로 이스라엘 자체를 다루셨다. 하나님은 이스라엘을 향해 계속 목표에 더 가까이 도달하는 방식으로 취급하지 않으셨다. 만일 그것이 유일한 관점이라고 한다면, 스킬더H. J. Schilder가 '구속사주의'heilshistorisme와 '유사 구속사적 취급'quasi-heilshistorische behandeling이라고 부른 측면을 피할 수 없을 것이다.[77]

하나님은 자신의 언약을 이스라엘과 세우셨다. 그 언약 가운데 하나님은 자기 백성에게 자신의 사랑을 나타내셨고, 매일매일 자기 백성과 동행하셨다. 그러한 교제는 먼 미래의 목적을 성취하기 위한 배타적 수단이 아니었다. 그와 반대로 그렇게 멀리 놓인 목적(그리스도의 탄생과 사역)은 이러한 교제를 유익하게 만들었다. 한 젊은 청년이 젊은 처녀와 약혼하는 이유는 시청에서 결혼식을 올리기 위한 것이 아니다. 신랑이 자신의 신부와 함께 시청에 가는 것은 약혼시의 교제를 완성하기 위한 것이다. 그 길을 갈 때, 신부가 중심에 서게 될까봐 두려워 신부가 아니라 결혼식 때문이라고 말할 사람은 아무도 없다. 모든 사람은 이것이 비현실적인 딜레마에서 기인한 꾸며낸 이야기라는 것을 알고 있다.

만일 우리가 구약성경의 역사에 주의한다면, 우리는 주님께서 자신의 교회를 모으고 보호하고 유지하시기 위해 일하신다는 것을 볼

---

77. *SNV*, 23. *Agenda*, 11.

수 있다. 그 가운데서 주님은 자신과의 교제가 무엇을 의미하며 또 무엇을 의미해야 하는지 예증하신다. 이 모든 것 가운데 우연한 사건과 축복이 넘치는 사건, 실패와 패배, 신앙의 힘과 작은 믿음이 일어나 우리를 위한 **모범들!** *tupoi*로 묘사된다.

하나님은 역사 속에서 사람들과 교제하시며, 그 사람들을 위한 자신의 사랑을 호소하신다. 이 모든 사랑의 교제는 자신의 아들, 그리스도 안에 기초한다. 이러한 교제는 그리스도 '안에서' 그리고 그리스도를 목적으로 이루어진다. 이러한 교제는 반드시 그리스도에 의하여 획득되고 지불되어야 한다. 이러한 교제는 매일 이 그리스도의 영에 의해 가능하게 될 것이다. 하나님은 그리스도 안에서 자기 백성을 찾으시고, 자기 백성 가운데서 이 그리스도를 찾으신다. 이스라엘은 (어머니로서) 이 그리스도를 '품고' 그리스도는 아버지가 그 아들을 품듯이 이스라엘을 품으신다. 이 비밀은 그리스도의 인격 Persoon의 비밀이다. 그가 아직 육신으로 오지 않았을 때, 그럼에도 불구하고 그는 거기 계셨다. 왜냐하면 말씀이 세상에 오시는 중이었기 때문이다.

따라서 우리는 구약 시대의 역사적 사실성을 배타적으로 미래에 종속된 것으로 볼 수 없다. 왜냐하면 구약 시대는 그리스도가 없는 혹은 성령이 없는 시대가 아니기 때문이다. 우리는 여기서 강압적인 딜레마로부터 벗어나야 한다. 그렇지 않으면 객관주의와 도식주의의 위험에 빠져 인간 자체가 시야에서 사라지기 때문이다.

1941년의 논쟁에서 스트레이프께르크(N. Streefkerk, 1901-1982, 1933년부터 볼페하[Wolvega]에서 개혁파 교회 목회자로 사역)는 진실로 하나님의 사역이 반드시 설교의 중심이 되어야 하지만, 이러한 연관 속에서 사람들(의 마음) **속에서**^{in} 일하시는 하나님의 사역이 반드시 중심이 되어 언급되어야 한다고 지적하였다. 이렇게 함으로써 그는 우리 판단에 정곡을 찔렀다. 판 엇 피어가 스트레이프께르크에 대한 자신의 응답에서 인간 **안에서**^{in} 일하시는 하나님의 사역에 대한 질문은 다루지 않고, 각각의 역사는 단지 하나의 전체 역사의 부분으로만 볼 수 있다는 자신의 논제에 빠진 것은 유감스러운 일이다.

4.2.6. 도식주의의 위험

우리의 여섯 번째 반대는 다섯 번째 반대의 결론을 별도로 조명하는 것이다. 즉, 도식주의의 위험.

그리스도에게 이르는 '선' 위의 어떤 '지점'에서 특정 사건이 발생했는가를 정확하게 결정한다는 것은 우리가 생각하기에 불가능하다. 그것은 불가능할 뿐만 아니라, 또한 이러한 엄밀한 의미에서 필요하지도 않다. 우리는 앞서(3.1의 [9]) 하나의 역사와 그 역사 가운데 일하시는 하나님의 사역의 전진에 대한 스킬더의 견해를 인용했다. 그것과 나란히 우리는 판 엇 피어가 '그^{dat} 때, 그^{die} 상황 속의 그^{die} 사람' 안에 나타난 하나님의 계시에 주목해야 할 필요에 대해 말한 것도 들었다.

의심할 여지없이 여기서 중요한 주안점이 주어진다. 우리는 하나의 이야기를 파편화시켜 그 역사적 맥락으로부터 고립시켜서는 안 된다. 하나님의 사역이 지닌 역사적 독특성은 매우 적실한데, 특히 알레고리적 사고의 무시간적 개념의 가르침을 반대하는 데 더욱 그러하다.

하지만 우리는 이 중요한 관찰을 예수 그리스도를 향한 역사의 지속적 진전 혹은 전진을 지지하는 하나의 철학 속에 집어넣어 포장하면 안 된다. 왜냐하면 **하나님**^{God}께서 자신의 신실하심 가운데 목적을 향한 사역을 계속하신다는 사실은 세기를 거쳐 진행된 그분의 사역의 전진을 보장하기 때문이다.

하지만 하나님의 **백성**^{volk}은 결코 지속적이지 않다. 하나님의 백성은 구원받는 법을 반드시 배워야 하고, 그 구원받은 삶을 살아가는 법을 반드시 배워야 한다. 그것은 힘겨운 과정이고, 결코 지속적인 역사가 아니다. 그와 반대로, 그것은 계곡, 깊은 골짜기와 무덤, 그리고 투쟁, 패배와 승리와의 끝없는 씨름이다.

이렇게 볼 때, 종종 진전은 전혀 찾아볼 수 없다. 모든 사건이 그리스도를 향해 진전하는 움직임에서 비롯된 순간은 아니다. 따라서 역사의 나중 단계가 앞선 단계보다 결코 더 '풍부한' 것은 아니다. 우리는 또한 구속사를 **직선**^{lineair}으로 만들어서는 안 된다. 역사는 하나님의 계획의 관점에서 볼 때 일직선이지만, 구체적인 성경 이야기의 관점에서 볼 때 그 역사는 결코 일직선으로 다가오지 않는다. 이 역사는 많은 반복적 훈련, 토벌의 원정, 뒤로 물러남, 그리고 인간적 실패를 담고 있다. 놀랍게도 하나님의 신실함은 그러한 맥락에서 더욱 잘 드러난다. 나무는 그루터기까지 베어지고, 그 die 그 루터기에서 한 가지 spruit가 높이 자라난다.

그러므로 우리는 이 점에서 반드시 특정한 역사 철학의 압력으로부터 자유로워져야 한다. 그렇지 않을 경우, 우리의 설교는 사변적이 아니라면, 도식적이 될 것이다.

따라서 우리는 스킬더가 1931년에 작성한 글에 이의를 제기한 스켈하아스J. Schelhaas의 견해에 동의한다.[78] 당시에 스켈하아스의 냉철한 조언이 거의 논의되지 않은 것은 유감스러운 일이다. 왜냐하면 그의 조언은 가치 있는 요소를 담고 있기 때문이다. 스켈하아스는 그리스도께서 구약 시대에 오고 계시는 분이었지만, 동시에 그가 이미 그 때에 계셨음도 분명하게 주장했다. 마찬가지로 그는 전진의 도식화에서 과거 시대의 큰 것이 작은 것으로 축소되고 후기 시대의 작은 것이 크게 확대될 위험을 예리하게 보았다.

'계시의 역사' historia revelationis는 진화의 역사 historia evolutionis가 아니다. 1941년에 스켈하아스는 이 말을 지속적으로 주장했다.

따라서 스켈하아스는, 시간의 진전을 염두에 두었기에 선지자 엘리사의 임종이 엘리야의 승천보다 더 중요하다고 주장한 스킬더의 관점을 올바르게 반대하였다.

---

[78] J. Schelhaas, *Christus en de historische stoffen in de prediking*, GTT 42, (1941), 107-128.

이 관점은 '나중된 것'latere이 '먼저된 것'vroegere에 관하여 진전을 대표한다는 원리로부터 나왔다. 나중에 홀베르다가 이 관점을 열왕기하 13:20-21에 대한 설교에서 광범위하게 적용했지만, 우리가 보기에 그것은 구조적으로 균형을 잃은 사변적 설교였다.[79]

우리가 구속사를 우리에게 경건의 본보기를 보여주는 수많은 단절된 역사의 편린으로 분산시켜서는 안 되지만, 동시에 우리는 이러한 파편화를 미리 주어진 구속사의 유기적 통일성에 관한 특정한 철학으로 반대해서도 안 된다. 왜냐하면 베르카우어G. C. Berkouwer는 그것에 반대하여 구약성경에 묘사된 구속사의 단편적인 특성에 주목할 것을 정당하게 요구하였기 때문이다.[80] 설교의 실제는 이러한 관찰이 정확하다는 것을 증명한다. '정확한 시간의 결정'은 종종 불가능하고 게다가 거의 아무런 유익이 없다.

그러므로 우리는 역사적 사실을 '파편적으로 보는 것'에 반대하는 '유기적 연관'에 주목하라는 홀베르다의 요구에 주의해야 한다 (BH, 91). 이러한 구분은 '구속사적' 설교와 '모범적' 설교 사이의 차이를 조명하는 데 도움이 될 수 있으나, 동시에 새로운 오해와 난점을 초래할 수 있다. 다시 말하자면, '파편들'이 '전형적 모범들'이라면, 그 파편들은 우리에게 특징적이고 교훈적인 것이다.

---

79. K. Schilder, *Ref.*, 11, 375. B. Holwerda, *Tot de dag aanlicht*, Goes 1950, 90-110.
80. G. C. Berkouwer, *De persoon van Christus*, 109, 119.

우리는 완전히 정리된 구속사를 쓸 능력도 없고 써야 할 의무도 없으며, 혹은 교회를 위하여 그것을 촉구할 권한도 없고 의무도 없다.

4.2.7. 교리에 관한 모호함

우리의 마지막 반대는 홀베르다가 사용한 '교리' 개념의 취급과 관련된다. 그는 자신의 소논문에서 **역사**_historie_와 **교리**_dogma_ 사이의 뚜렷한 차이를 논의하였다. 심지어 그는 '역사적' 그리고 '교리적' **본문**_teksten_에 관하여 말하기까지 했다.[81] 그는 성경이 한편으로 역사적 부분으로 구성되고 다른 한편 교리적이고 윤리적인 부분으로 구성되어 있다고 생각하였다. 선지서가 모세 오경에, 그리고 서신서가 복음서(그리고 사도행전)에 기초한 것처럼, 교리적 재료는 역사적 재료에 근거한다(BH, 99). 그래서 그는 더 나아가 '교리적 본문'에 관하여 언급하는 반면(BH, 88), 히브리서 11장을 구속사적 주장이 아닌 교리적 주장의 예시라고 부른다. 왜냐하면 '믿음으로'라는 **주제** _thema_가 거기서 논의되기 때문이다.

이 주장은 핵심 문장 속에 요약되어 있다. "구속사의 교리-**확립적**_funderende_ 기능은 교리-**예증적**_illustrerende_ 기능을 배제한다."[82] 만

---

81. 아마도 스킬더의 견해를 따른 것일까?(Ref., 11, 381).
82. 참조. 판 엇 피어는 이 문장을 '규칙'이라고 부른다(CP, 158).

일 그렇지 않다면, 역사적 재료에 이미 교리(그리고 윤리)가 전제되었을 것이다.

우리의 판단에 따르면, 이 주장은 옹호될 수 없다. 이 주장이 무미건조한, 소위 신학적 항목(교리의 주제)을 다루는 **로치**/oci 방식의 설교를 거절하기 위한 목적이라면 그런 범위에서 정당하다. 그런 경우 역사적 이야기는 단지 교리적 주제를 취급하기 위한 하나의 단계에 불과하다. 그래서 역사적 이야기로부터 보편적, 무시간적 진리를 벗겨내기 위해 구체적인 역사적 독특성은 증발되고 만다. 의심할 여지없이 이런 식으로 설교되었고, 개혁파 교회에서도 마찬가지였다. 이런 맥락에서 우리는 단지 20세기 전반의 카이퍼주의적 스콜라주의뿐만 아니라 또한 17세기의 소위 '정통주의'orthodoxie와 정통주의의 스콜라주의, 그리고 소위 로치-방식*loci-method*에 관한 멜랑히톤의 영향도 고려하고 있다.[83] 이 방법은 의심의 여지없이 성경의 역사보다 아리스토텔레스와 더 많이 관련된다.

그러나 우리가 교리에 관한 홀베르다의 주장 내용을 주목한다면, 그의 해설은 비판을 면치 못할 것이다. 왜냐하면 교리적 본문은 존재하지 않기 때문이다. 성경에는 무엇보다 **이야기***verbalende* 재료와 **교훈적***didaktische* 재료(예를 들어, 사도적 서신들)가 있다. 그러나 '교리' 개념 속에는 본래부터 교회를 통한 성경 가르침의 체계화와 승인과

---

83. 참조. W. Rupprecht, *Die Predigt über alttestamentlicher Texte in den lutherischen Kirchen Deutschlands*, 105이하.

공적 진술이 내재되어 있다.

따라서 우리가 성경의 다양한 장르의 본문을 논의할 때 '교리'라는 단어를 반드시 옆으로 제쳐두어야 한다. 히브리서 10장과 11장은 결코 '교리적 주제'를 다루지 않는다. 그 본문은 교회의 매우 특별한 시기에 매우 구체적인 문제들을 다루고 있다. 그 다음에 그 문제들은 구속사 혹은 더 낫게는 신앙의 역사의 빛으로 조명된다. 왜냐하면 '고대' 교회와 신약 교회 사이에 모든 것을 지배하는 (구속)역사적 연계성이 있기 때문이다. '믿음으로'라는 문구는 무엇보다도 역사를 통해 울려 퍼지는 **후렴구**refrein이며 그 자체로 **주제**thema다.

게다가 소위 '교리적' 성경 구절들에서만 독점적으로 하나님의 풍성한 사역이 전개되는 것은 아니다. 하나님의 풍성한 사역은 모세 오경과 복음서의 이야기 재료에서도 동일하게 펼쳐진다. 단지 교훈적 부분과 이야기 부분의 전개 방식이 다를 뿐이다. 의심할 여지없이 성경의 이야기 부분에 훨씬 더 생생한 묘사가 담겨 있다.

하나님은 역사 속에 자신의 이름을 드러내셨다. 하나님에 대한 이야기는 그 이름에 대한 우리의 지식, 우리의 고백, 그리고 우리의 찬양, 주님을 향한 우리의 기대와 우리의 섬김의 기초를 형성한다.

하지만 동시에 우리의 지식의 토대가 되는 이 이야기 자체는 또한 하나님의 이름과 하나님의 계획에 **근거한다**gegrond. 진실로 역사의 토대가 되는 전제가 있다. 구속사는 자기 자신이 아니라 우리 구주 예수 그리스도의 성부 하나님에게서 시작한다.

따라서 역사는 단지 토대만 놓는 것이 아니다. 역사는 하나님의 이름에 대한 구체적이고 생생한 묘사, 그 이름이 미치는 범주의 예증, 그 이름을 믿는 신앙의 확증, 그 영광스런 이름의 예시, 망각하는 백성에 대한 그 이름의 반복 등이다. 따라서 역사 혹은 역사적 재료가 성령의 인내하시는 사역의 맥락 속에서 예시적-교육적 기능도 성취한다는 것은 충분히 일리가 있다. 성령은 모든 것을 한 번만 말하는 교사가 아니다.

확실히 역사적 간격에 대한 인식이 반드시 우리의 주해와 설교를 특징지을 것이다. 우리는 특징을 지우지 말아야 하고, 전체와 분리된 별개의 생생한 장면을 들려주는 사람이 되어서도 안 된다. 이야기의 모범적 기능은 그 이야기의 역사적 의미를 희생시켜서는 안 된다. 하지만 성경을 훌륭하게 취급하기 위한 이러한 처방을 성경 이야기의 예시적 혹은 예증적 기능을 배제하는 규칙 속에 확정한다는 것은 불가능하다.

홀베르다의 논제를 교리와 교의학의 기능에 관한 그의 견해의 맥락 속에서 이해하기 위해서는 별도의 해설이 필요할 것이다. 그러한 논의를 위해서 흐레이다누스S. Grijdanus 사망 시(1948년 5월 19일) 홀베르다의 글에 대한 분석이 특히 의미가 있을 것이다.[84]

홀베르다가 1892년 이래로 개혁파 교회 역사를 재구성함에 있어

---

84. 참조. 나중에 다시 출판되어 같은 해에 언급된 홀베르다의 진술 역시 분석이 필요하다. in *De betekenis van verbond en kerk voor huwelijk, gezin en jeugd*, Goes 1958, 153.

서 그의 개인적이고 목회적인 경험이 실제적인 일의 진행을 지배했다는 점이 주목된다.

이 문제를 깊게 살피는 사람은 교회적이며 전기적인 배경에서 홀베르다의 '규칙'regel을 더 잘 이해할 수 있을 것이다. 하지만 그러한 경우에 교리의 기능과 교의학에 관한 홀베르다의 견해는 더욱 믿을 수 없게 된다.[85]

우리는 여기서 유감스러운 일, 즉 홀베르다와 교의학 사이의 난감한 관계를 직면한다. 더욱 유감스러운 까닭은 우리가 확고하게 확신하는 바, 교의학은 설교 방법론에 대한 해석학적 기반에 관하여 숙고할 때 필수적인 요소이기 때문이다.

이러한 일곱 가지 반대로 우리는 1940-1942년의 논쟁에 대한 우리의 취급을 마무리하고자 한다.

우리는 더 많은 이름을 언급할 수 있었고 더 많은 해설에 귀를 기울일 수 있었다. 우리는 캅테인J. Kapteyn, 페인호프C. Veenhof, 1902-1983, 판 데이크D. van Dijk, 1887-1985, 그리고 그들보다 약간 후대의 사람인 판 데어 발C. van der Waal, 1919-1980, 더 볼프J. de Wolf가 기여한 공헌을 염두에 두고 있다. 하지만 우리는 논의된 글을 통해 논쟁의 핵심을 제시하였다고 생각한다.[86]

---

85. 스킬더(H. J. Schilder)는 이미 여러 번 인용되었던 1957년의 그의 강연에서 그와 같은 주장을 분명하게 교정하였다. SNV, 5-15.
86. 캅테인(J. Kapteyn)과 관련하여, 스킬더(K. Schilder)는 그의 신학적 사고 형성을 다음의 책에서 묘사하였다. R. van Reest, *Een bloedgetuige der kerk* (Groningen, 1946), 93-113.

5. 회고와 전망

5. 회고와 전망

우리가 지나온 길을 돌아볼 때, 몇 가지 사항을 확인할 수 있다.

첫째, 우리가 제시한 모든 비평적 평가에도 불구하고 우리는 홀베르다와 판 엇 피어의 소논문, 그리고 그 배후를 형성했던 스킬더(K. Schilder)의 포괄적인 작업을 풍성한 유산으로 여겨 심심(甚深)한 감사로 수용하고 사용해야 한다. 여기서 우리는 살아계신 하나님의 기록된 계시로서 성경에 대한 존중을 배운다! 하나님께서는 우리에게 오셔서 우리와 함께 행하기를 원하셨다. 그는 우리 주 그리스도의 아버지이시며, 그리스도 안에서 우리의 아버지가 되기를 원하신다. 성경은 우리의 종교적 경험을 얻기 위한 도움의 방편이 아니라 우리 신앙의 기준이자 원천이다. 홀베르다와 판 엇 피어와 같은 사람이 여전히 나이 어린 청년이었지만 국가와 교회가 어려운 시절에 바로 이러한 일을 성도의 관심사로 만들기 원하였고 그렇게 할 수 있었다는 것은 훌륭한 일이다. 클라스 스킬더의 목소리를 들을 수 없게 되었을 때, 이 설교자들은 스킬더의 작품 속에 풍성하게 담겨 있던 설교를 위한 격려가 무력하게 되지 않고 이전보다 더 많은 토론의 대상이 될 수 있도록 노력하였다.

둘째, 우리가 생각하기에, 홀베르다와 판 엇 피어의 소논문들이 **선구자적 작품**pionierswerk**으로** 여겨질 때 비로소 그 가치를 지니게 될 것이라는 점은 쉽게 드러난다. 이 저자들은 그들의 전문용어가 임시적 성격을 지닌 것이라고 지속적으로 강조하였다. 만일 후세대가 이 초기 용어들을 마지막 형태와 절대적 결정으로 확립한다면, 그것은 일종의 신화를 형성하는 결과를 갖게 될 것이다.

선구자가 처음 길을 낼 때 실수할 수 있다는 것은 결코 재앙이 아니다. 그는 선구자이고 따라서 그렇게 실수할 수도 있다. 후계자들이 그 지도자를 기념하여 이 선구자의 모든 말과 표현을 정경처럼 받들어야 한다고 느낄 때 상황은 오히려 더 심각해진다. 귀중한 유산을 이런 식으로 취급해서는 안 된다. 이런 식의 취급은 보수적 견고함의 형태 속에 스스로 비중을 두려는 영적 게으름의 한 형태가 될 것이다.

셋째, 우리의 비평은 우리 자신의 확신을 무르익게 하였는데, 그 확신은 논쟁이 시작된 후 거의 40년이 넘는 기간에 여전히 구속사적 설교의 요점을 다루고, 또한 그러한 설교의 해석학적 토대의 수준에서 취급되는 상당수의 작품이 남아있다는 사실이다.

그러한 맥락에서 우리의 관심을 끌고 우리의 주요한 비평적 고찰들 가운데 숨겨진 핵심적 요점 한 가지는 말하자면 **하나님의 구원**

역사 속에 있는 성령의 사역werk van de Heilige Geest in de geschiedenis van Gods heil이다. 구속사적 설교는 다름 아닌 하나님 중심적 설교이다. 이것이 우리가 듣는 바, 당시의 대표자들이 확신했던 것이다. 그들은 당시에 우리에게 우리 주 그리스도의 성부 하나님의 말씀과 사역에 대해 많은 것을 보여주고 들려주었다. 우리는 그리스도께서 오시기까지 구약 시대에 진행되었던 하나님과 그의 백성의 길을 지속적으로 주목하게 되었다. 그런 맥락에서 판 엇 피어는 매우 의식적으로 구약성경의 역사적 재료에 대한 **기독론적**christologische 설교를 언급하였고, 또한 이러한 설교에 대하여 폭넓게 설명하였다. 하지만 우리는 1940년대에 성령의 사역과 구약성경의 이야기 재료 속에 담긴 **영적**pneumatisch 측면에 대해 거의 듣지 못하였다.

이러한 비난의 책임은 그리스도를 향해 나아가는 역사적 길 위에서 '아직 아니'의 요소가 하나님과 그의 백성 사이의 구체적인 교제의 '이미'보다 훨씬 더 많이 강조되었다는 사실에 있다. 계시 역사로서의 구속사가 신앙 역사로서의 구속사를 완전히 지배하였다. 따라서 구속사적 설교의 옹호자들은 설교에서의 '모범적' 요소를 위한 논증으로서 히브리서 11장을 제시하는 비평에 대해 참으로 만족스러운 답변을 줄 수 없었다.

남아프리카 공화국 스텔렌보쉬Stellenbosch의 용커W. D. Jonker, 1929-2006는 그 논쟁에 대한 회고에서 '구속사가들'heilshistorici이 취한 입장의 약점은 모범적 방법을 따라 할 수 없다면, 설교에서 사람mens이 어떻게 언급되어야 하는지 항상 분명하게 할 수 없었다는 사실에 놓여있다고 지적하였다.87 내가 판단하기에 이러한 관찰은 정당하다. 홀베르다의 확신은 아브라함과 엘리야를 비롯한 사람들을 위한 그리스도 안에 있는 하나님의 중요성이 질문을 받을 때, 그리스도인이 무대의 중앙에 서게 된다는 것이다(BH, 90). 이것은 구원의 역사에서 구원의 서정으로 바뀌는 하나의 전환일 것이며, 그와 같은 변경은 필로Philo의 선상에 있게 될 것이다.

이 시점에서 1940년대에 발생했던 숙고의 약점은 우리에게 완전히 열려 있다. 만일 홀베르다가 자신이 소중히 여겼던 저자 아이히로트W. Eichrodt의 구약의 성령에 대한 가르침을 염두에 두었더라면,88 그는 이런 식으로 쓰지 않았을 것이다. 그래서 우리는 탄식할 수밖에 없다. 만일 사람이 **점진**voortgang에 관한 자신의 숙고에서 동시에 **교제**omgang에 더 많이 주목했더라면, 의심의 여지없이 역사를 통해 우리에게 내려오는 불법적 '모범'exempel과 성경적 '모범'voorbeeld 사이를 구별하는 예리한 정의가 고안되었을 것이다. 이제 모든 것이 **모범**tupos이라는 단 하나의 카드에 달려있다. 궁극적으로 그것은 만족시킬 수 없다.

요약하자면, 구속사적 설교는 하나님 중심적 설교이다. 우리는 그렇게 배웠다. 정확히 그것에 동의하기 때문에 우리는 다음의 진술을 제안한다. 구속사적 설교는 **삼위일체적-역사적**trinitarisch-

---

87. W. D. Jonker, *Die Woord as opdrag. Gedagtes oor die prediking*, Pretoria 1976, 64-66.
88. W. Eichrodt, *Theologie des Alten Testaments*, 1961⁴, II/III, 34이하.

historische 자기 계시에 일치한 살아계신 하나님에 관한 설교다. 우리는 에베소서 1:3-14에서 하나님을 그런 분으로 안다. 우리는 사도신경에서 하나님을 그런 분으로 고백한다. 우리는 교회론을, 특히 스킬더K. Schilder의 가르침을 통해 그와 같이 이해한다.[89]

넷째, 당시 논쟁에서 이러한 특별한 강조점이 놓이게 되었던 분명한 원인을 지시할 수 있는가라는 질문이 제기된다.

이 질문에 대한 대답으로서 우리는 그 당시 논쟁이 벌어졌던 교회사적 전후 관계를 지시하고자 한다. '구속사적' 설교냐 아니면 '모범적' 설교냐에 관한 토론은 개혁파 교회 내부의 소위 '견해차이'meningsverschillen 시기의 종결 단계에서 일어났다. 이 '견해차이'는 주관주의, 특히 (주의 만찬과 연관된) 자기점검, 언약과 (특히 유아)세례와 같은 일에 대한 투쟁의 대부분을 차지하였다. 주관주의에 대항한 투쟁은 신비주의 혹은 '윤리적' 경험 속에 소개되었던 것처럼 하나님과의 교제 속에 있는 인본주의를 겨냥하였다. 우리의 통찰에 따르면, 그 투쟁의 핵심은 분리(1834년)와 애통(1886년)의 지도자들을 통해 개혁파 교회 안에 자리를 확보했던 것처럼 네덜란드 제2차 종교개혁의 유산 대부분과의 대결이었다.

설교에 관한 투쟁은 본질적으로 이런 역사적 맥락과 연관된다. 이런 사실은 당연히 스킬더의 저술에서 드러나고 이와 마찬가지로

---

89. 참조. 특히 K. Schilder, *HC*, III, 7이하(하이델베르크 요리문답 주일 8의 논의 시작에서).

홀베르다와 판 엇 피어의 소논문 속에 담긴 격렬한 논박에서도 드러난다.

그들의 의도는 '모범'과 투쟁하면서 사실상 모범의 주관적 사용에 반대하는 것이었다. 달리 표현하자면, 그들은 인간적 주관주의에 대항하여 하나님 계시의 권위를 변호하고자 하였다.

성경은 우리의 감정과 경험의 비좁은 지평 안에 들어올 수 없었다. 우리의 존재는 오히려 다름 아닌 하나님의 역사적 계시의 넓은 빛의 영역 속에 놓여야 한다.

그것은 근본적인 통찰력이며, 또한 내러티브 신학 등의 시대에 속한 우리를 위해서도 마찬가지다.

그러나 격렬한 논쟁의 상황 속에서 개념을 발전시키는 자는 일방적 강조의 위험에 직면하게 된다. 이런 일은 바로 '해방'vrijmaking, 1944이라는 교회 분리의 긴장된 분위기 가운데 발생했는데, 그 논쟁은 때때로 '견해차이'의 그림자 속에 갇히고 말았다. 이것의 정확한 의미는 주관주의에 대항하는 힘겨운 투쟁의 부담 아래에서 작업해야만 했다는 것이다. 즉, 설교에서의 '모범'의 문제는 하나의 자유로운 이슈로 논의될 수 없었다.

그것은 또한 (주관주의의 증상으로서) '모범주의'exemplarisme에 대한 반작용은 사전에 객관주의objektivisme의 위협 아래 처한다는 것도 의미하였다.

객관주의는 언제나 성령에 대한 고백의 대체물이었다. 이런 주장이 정당한 것은 주관주의가 항상 '성령'이라는 이름으로 자신을 치장하려 했던 것과 마찬가지다. 홀베르다는 자신의 구체적인 설교 가운데 이런 객관주의와 주관주의의 불행한 딜레마를 훨씬 초월하였다. 그는 또한 이론적으로도 그 딜레마를 간파한 초기 개혁파 신학자 가운데 한 사람이었다.[90]

그럼에도 불구하고 그는 우리가 강하게 비판했던 구속사와 구원의 서정에 관한 표현에서 자유롭지 못하였다.

다섯째, 우리가 결론지을 수 있는 것은 우리도 당시에 논의되었던 문제를 반드시 계속 다루어야 한다는 것이다. 이런 맥락에서 우리는 홀베르다의 후계자인 스킬더H. J. Schilder의 매우 구체적인 도움을 받는다. 우리는 이미 여러 번 그를 인용하였고, 그의 균형잡힌 견해로 인해 감명을 받았다.

(1) 스킬더H. J. Schilder는 다양한 형태의 혁명신학과 해방신학을 짧게 분석함으로써 모범주의를 거절해야 할 시사점을 보여주었다.

(2) 그는 1942년에 작성한 홀베르다의 소논문에 크게 주목할 것을 정당하게 요청했던 반면, 동시에 홀베르다의 반-교리적-태도 anti-dogma-houding를 교정하였다.

(3) 그는 '모범들'의 실재와 본문 취급의 모범적 방법 사이를 구분하였다(S.VV. 16). 허용되지 않는 모범적 방법에 대한 그의 비평과 나란히 그에게는 모범적 측면을 언급할 여유와 권리가 있었다(S.VV.

---

90. 참조. 3장 각주 58번. *BH*, 107-108.

19, *RT*, 13, *VV*, 69).

(4) 스킬더H. J. Schilder는 구약의 역사가 바로 우리의 역사라는 사실을 깊이 인식하였다. 이런 맥락에서 그는 우리 개인의 인생여정이 **깊은 죄에 빠진 것을 포함하여** inklusief de diepgang van de zonde 그 역사에 연관된다는 것을 훌륭하게 고찰하였다(*SNV*, 29).

이런 식으로 그는 한 본문의 '역사성'geschiedmatigheid과 '현재의 실제적 의미'aktueel-praktische betekenis가 서로 상반(相反)되는 것이 아니라는 자신의 주장을 정당화하였다.

(5) 스킬더H. J. Schilder는 이것 혹은 저것이 구약성경에 아직 없었다(nog niet)는 말을 주제화하는 것에 저항하였다. 그는 이러한 언급을 유사-구속사적quasi-heilshistorische 견해라고 생각했다. 스킬더 자신은 다름 아닌 옛 언약의 풍성함을 조명하고자 하였는데, 왜냐하면 그 당시에도 그리스도의 구원의 유익이 베풀어졌기 때문이다.[91]

(6) 따라서 그는 또한 하나님께서 이미 그 당시에 자신의 **구원** *heil*을 계시하신 실제를 희생시키면서 억지로 '그리스도를 향한 선'lijnen naar Christus을 긋는 것에 대해 경고하였다. 그는 그러한 선 긋기를 구속사적 방법의 반작용이라고 불렀다(*Agenda*, 11).

(7) 이런 이해 가운데 스킬더가 일찍이 설교자의 구체적 실천 속에 있는 '모범적'이라는 꼬리표의 오용을 지적하였다는 사실이 이

---

91. 참조. 예를 들어, *In Sion is het Woord nabij*, Groningen 1976, 170이하. SNV, 22이하. *Vader van zijn volk*, in J. Douma e.a. (red.), *Bezield verband* (feestbundel voor J. Kamphuis), Kampen 1984, 230이하.

해된다(*KBV*, 139-140, 참조. 4.2.1. [4]).

이 모든 요점에서 스킬더는 우리에게 구체적인 도움의 손길을 제공하였다.

우리는 이 세상에서 복음의 진전을 위해 이러한 핵심적 통찰을 가지고 후속적 작업을 해야 할 임무를 갖고 있다. 설교는 하나님의 말씀을 섬기는 봉사다. 이렇게 우리는 이 책의 1장에서 숙고했었다.

우리의 결론은 구약성경의 이야기 재료에 대한 설교란 역사 속에서 자기 백성과 함께 길을 가며 작고 연약한 사람의 눈앞에 자신의 영광스런 삼위일체의 이름을 말씀과 행동으로 펼쳐 보이시는 하나님의 말씀을 섬기는 봉사라는 것이다.

> 빛나고 높은 보좌에 앉으신 하나님께
> 찬양, 영광, 그리고 찬송을.
> 성부, 성자, 성령, 삼위일체 하나님께
> 온 세상 천지만물 찬양을.
> 유일하신 여호와
> 어제가 그분을 증언하고
> 오늘은 그의 영광을 노래하며
> 내일은 그의 나라가 될 지어다.

● 부록(Bijlage)

구원의 사실과 기독교 절기 설교에 관한 스킬더K. Schilder의 소논문 개관

	Ref.	SO	OWK
Algemeen			
Iets over de eenheid der heilsgeschiedenis' in verband met de prediking. 1931 [W. G. de Vries, Het ene Woord en de vele sekten, Goes 1983, 155-189]	11, 365		
Gereformeerde prediking en heilsgeschiedenis. 1938.	18, 311		
Christus in de bijbelse geschiedenis. 1933.	13, 281		
Punten van overeenkomst. 1933.	14, 18		
Advent			
Christus en de doorbraak van den vicieuzen cirkel. 1929.	10, 89		
Geloofsrekening en adventsverwachting. 1934.	15, 89	II, 33	
Adventsprediking. 1938.	19, 58		
Kerst			
De aanschouwing. 1924.			I, 231
Kerstfeestviering en heilshistorie. 1927.		I, 241	I, 246
De vicieuze cirkel doorbroken. 1929.	10, 97		
Kerstfeest. 1930.	11, 89	I, 236	
Het einde dwingen. 1932.	13, 89	I, 398	
Bij het Kerstfeest. 1938.	19, 89	II, 246	
De vleeschwording des Woords. 1939. [Hoogfeest, 7-29].			III, 266

E pacto salutis. 1947.	23, 101	III, 270
Pelikaan of Lam? 1950.	26, 105	III, 549
Voorts: SO II, 37, 41, 74, 310.		
SO III, 72, 207, 391, 489.		

Het lijden van Christus

Iets over het gereformeerd karakter der lijdensprediking. 1930, 10, 203	10, 203	

Pasen

Paaschfeest. 1927.	7, 225	I, 259
Bij het Paaschfeest. 1929.	9, 199	I, 303
Coetus en congregatio. 1932.	12, 201	I, 379
Bij het Paaschfeest. 1934.	14, 201	II, 24
Paschen in de prediking. 1936.	16, 235	
De 'spits' der Paaschprediking:geen openbarings-, doch heilshistorie. 1946.	21, 225	
Het lichaam andermaal toebereid. 1946.	21, 223	III, 130
Voorts: SO III, 235, 418, 568.		

Hemelvaart

Hemelvaartsvrucht. 1933.	13, 267	

Pinksteren

Pinksteren. 1926.	6, 259	I, 71
Bij het Pinkstfeest. 1933.	13, 275	I, 441
Pinkstfeest in de prediking. 1936.	16, 290	
Pascha inversum. 1938.	18, 321	II, 227
De vinger Gods. 1946.	21, 279	III, 150
De andere Paracleet. 1948.	23, 269	III, 347

● 간결한 참고문헌

- *Algemeen*

Greidanus, Sidney. *Sola Scriptura*: Problems and Principles in Preaching Historical Texts, Kampen 1970.
이 책에 대한 서평:
H. G. Geertsema, in *MVCW*, 1971년 6월과 12월.
W. D. Jonker, in *GW*, 1970년 6월 19일.
C. Trimp, *Ref.*, 45 (1969-1970), 337이하.
Holwerda, B. *De heilshistorie in de prediking*, in *GTT*, 43 (1942), 349-370, 381-403 [*Begonnen hebbende van Mozes* ···, Terneuzen 1953, Kampen 1974^2, 79-118.
Van 't Veer, M. B. 'Christologische prediking over de historische stof van het Oude Testament', in R. Schippers (red.), *Van den dienst des Woords*, Goes, 1994. 117-167.
Stadelmann, H. (ed.), *Glaube und Geschichte*. Heilsgeschichte als Thema der Theologie, Gissen-Wuppertal, 1986.

- Ad 1.3. *Gnostiek en allegorie*

Cullmann, O. *Christus und die Zeit*. Die urchristliche Zeit- und Geschichtsauffassung, Zollikon-Zürich 1946.
Cullmann, O. *Heil als Geschichte*. Heilsgeschichtliche Existenz im Neuen Testament, Tübingen 1965.
Frör, K. *Biblische Hermeneutik, Zur Schriftauslegung in Predigt und Unterricht*, München 1964^2, 27이하, 86이하.
Koole, J. L. *De overname van het Oude Testament door de christelijke kerk*, Hilversum 1938, 211이하, 218이하, 243이하.
Koole, J. L. *Allegorische schriftverklaring*, in *VTh* 10 (1938-1939), 15이하.
Koole, J. L. *De Joden in de verstrooiing*, Franeker z.j., 67이하.

Kuitert, H. M. *De mensvormigheid Gods. Een dogmatisch-hermeneutische studie over de anthropomorfismen van de Heilige Schrift*, Kampen 1962, 57이하.

Maan, P. J. *Alexandrie en Antiochie*, in *NTT* 5 (1950-1951), 193이하.

Popma, K. J. *Philoonse en stoische allegoristiek*, in *VTh* 15 (1943-1944), 61이하.

Popma, K. J. *Evangelie contra evangelie*, Franeker z.j., 77이하, 124이하.

Reumann, J. *Oikonia = Covenant. Terms for 'Heilsgeschichte' in Early Christian Usage*, in *NT* 3 (1959), 282이하.

Van der Waal, C. *Wat staat er eigenlijk?*, Goes 1971, 145이하.

- Ad 2.3. Typologie

Bakker, D. L. *Typology and the Christian Use of the Old Testament*, in *ScJTh* 29 (1976), 137-157.

Goppelt, L. *Typos. Die typologische Deutung dea Alten Testaments im Neuen*, Gütersloh 1939.

Goppelt, L. artikel over *tupos* in *TWNT* 8, 246이하.

Goppelt, L. *Apokalyptik und Typologie bei Paulus*, in *TLZ* 89 (1964), 321이하.

Ridderbos, N. H. *Typologie*, in *VTh* 31 (1960-1961), 149-159.

Ridderbos, N. H. *Het Oude Testament in de prediking*, in *GTT* 56 (1956), 142-153.

Westermann, C. (ed.), *Probleme alttestamentlicher Hermeneutik*, München 1960:

Eichrodt, W. *Ist die typologische Exegese sachgemässe Exegese?*
Von Rad, G. *Die vergegenwärtigung des Alten Testaments in der Verkündigung*.
Wolff, H. W. *Zur Hermeneutik des Alten Testaments*.
Zimmerli, W. *Verheissung und Erfüllung*.

- Ad 4.2.1.

Navolging van Christus:

Berkouwer, G. C. *Geloof en heiliging*, Kampen 1949, 136-170.

Kittel, G. *TWNT* 1, 210이하. A. Stumpff 3, 405이하. W. Michaelis 4, 661이하.

Larsson, E. *Christus als Vorbild,. Eine Untersuchung zu den paulinischen Tauf- und Eikontexten*, Uppsala/Kopenhagen 1962.

Schulz, A. *Nachfolgen und nachahmen*. Studien über das Verhältnis der neutestamentlicher Jüngerschaft zur urchristlichen Vorbild-ethik, München 1962.

Luther:

Bornkamm, H. *Luther und das Alte Testament*, Tübingen 1948, 9이하, 76이하, 211-224.

Ebeling, G. *Evangelische Evangelienauslegung*, Eine Untersuchung zu Luthers Hermeneutik (1942), Darmstadt 1962², 226이하, 261, 418이하, 439.

Hahn, F. *Luthers Auslegungsgrundsätze und ihre theologische Voraussetzungen*, in *ZSTh* 12 (1934-1935), 165-218.

Kooiman, W. J. *Luther en de bijbel*, Baarn 1961².

Østergaard-Nielsen, H. *Scriptura sacra et viva vox*. Eine Lutherstudie, München, 1957.

Rössler, D. *Beispiel und Erfahrung*. Zu Luthers Homiletik, in N. M. Müller, D. Rössler, (ed.), *Reformation und Praktische Theologie* (Festschrift W. Jetter), Göttingen 1983, 202-215.

Calvijn:

De Greef, W. *Calvijn en het Oude Testament*, Amsterdam 1984.

Floor, L. 'The Hermeneutics of Calvin', in *Calvinus Reformator*. His Contribution to Theology, Church and Society, Potchefstroom 1982, 181-191.

Kraus, H. J. *Calvins exegetische Prinzipien*, in *ZKG* 79 (1968), 329-341.

Kraus, H. J. *Paedagogia Dei als theologischer geschichtsbegriff*, in *EvTh* 9(1948-1949), 515-527.

Parker, T. H. L. 'The Shadow and the Sketch', in *Calvinus Reformator. His Contribution to Theology, Church and Society*, Potchefstroom 1982, 142-148.

Rossouw, H. W. 'Calvin's Hermeneutics of Holy Scripture', in *Calvinus Reformator. His Contribution to Theology, Church and Society*, Potchefstroom 1982, 149-180.

Wolf, H. H. *Die Einheit des Bundes. Das Verhältnis von Altem und Neuen Testament bei Calvin*, Neukirchen 1958.

Woudstra, M. H. 'The Use of 'Example' in Calvin's Sermons on Job', in J. Douma e.a. (red.), *Bezield verband* (feestbundel voor J. Kamphuis), Kampen 1984, 344-351.

● 약어표

K. Schilder

BDS - Bij dichters en schriftgeleerden, Amsterdam 1927.
HC - Heidelbergsche Cathechismus, Goes 1947-1951.
Hoogfeest - 't Hoogfeest naar de Schriften, Goes, z.j. [1939].
OWK - Om Woord en kerk (red. C. Veenhof), Goes 1948-1953.
SO - Schriftoverdenkingen (red. C. Veenhof), Goes 1956-1958.
TJN - Tusschen 'Ja' en 'Neen', Kampen 1929.

B. Holwerda

BH - 'Begonnen hebbende van Mozes ...', Kampen 1974^2.
DHR - Dictaten deel I: Historia revelationis, Kampen 1954.
EOT - Dictaten deel III: Exegese Oude Testament, Kampen 1958.

M. B. van 't Veer

CP - Christologische prediking over de historische stof van het Oude Testament.

H. J. Schilder

Agenda - Agenda bij de studie van het Oude Testament, Kampen 1980.
KBV - Het kerkschip biedt behouden vaart, Kampen 1981.
RT - Rachels troost. Vrouw en vrouwen in de heilshistorie, Goes 1960.
SNV - Het schrift dat niet verslijt, Kampen 1983.
VV - Richteren en Ruth: een vacature vervuld, Kampen 1982.

BSLK - Bekenntnisschriften der evangelisch-lutherischen Kirche (1930), Göttingen 1976.
CA - Confessio Augustana (= Augsburgse confessie van 1530).

CR – Corpus Reformatorum (ed. W. Baum, E. Cunitz, E. Reuss).
CThJ – Calvin Theological Journal (Grand Rapids).
EKL – Evangelisches Kirchenlexikon, Göttingen 1961².
EvTh – Evangelische Theologie.
GTT – Gereformeerd Theologisch Tijdschrift.
GW – Gereformeerd Weekblad (ed. Kok, Kampen).
Inst. – J. Calvin, Institutio christianae religionis, 1559.
MVCW – Mededelingen van de vereniging voor calvinstische Wijsbegeerte.
NGTT – Nederduits gereformeerd teologiese tydskrif.
NT – Novum Testamentum (tijdschrift).
NTT – Nederlands theologisch tijdschrift.
PE – Pro Ecclesia. Weekblad ten diensten van het gereformeerde leven in Nederland.
Ref. – De Reformatie. Weekblad tot ontwikkeling van het gereformeerde leven in Nederland.
RGG – Die Religion in Geschichte und Gegenwart, Tübingen 1957–1965³.
ScJTh – Scottish Journal of Theology.
TLZ – Theologische Literaturzeitung.
TRE – Theologische Realenzyklopädie, Berlin-New York 1977.
TWNT – Theologisches Wörterbuch zum Neuen Testament (ed. G. Kittel & G. Friedrich), Stuttgart 1932–1979.
VTh – Vox Theologia.
WA – Martin Luther, Werke. Kritische Gesamtausgabe, Weimar 1883–.
WPKG – Wissenschaft und Praxis in Kirche und Gesellschaft.
ZKG – Zeitschrift für die Systematische Theologie.